CONNECTED MATHEMAT

S0-BSQ-390

Variables y patrones

Enfoque en el Álgebra

Glenda Lappan, Elizabeth Difanis Phillips,
James T. Fey, Susan N. Friel

PEARSON

Boston, Massachusetts • Chandler, Arizona • Glenview, Illinois • Upper Saddle River, Nueva Jersey

Connected Mathematics® was developed at Michigan State University with financial support from the Michigan State University Office of the Provost, Computing and Technology, and the College of Natural Science.

 This material is based upon work supported by the National Science Foundation under Grant No. MDR 9150217 and Grant No. ESI 9986372. Opinions expressed are those of the authors and not necessarily those of the Foundation.

As with prior editions of this work, the authors and administration of Michigan State University preserve a tradition of devoting royalties from this publication to support activities sponsored by the MSU Mathematics Education Enrichment Fund.

Acknowledgments appear on page 130, which constitutes an extension of this copyright page.

13-digit ISBN 978-0-13-327794-4
10-digit ISBN 0-13-327794-1
1 2 3 4 5 6 7 8 9 10 V0N4 17 16 15 14 13

PEARSON

El equipo de expertos

Glenda Lappan es Profesora Universitaria Distinguida del Departamento de Matemáticas de la Universidad Estatal de Michigan. Su campo de investigación es la interconexión entre el aprendizaje estudiantil de las matemáticas y el crecimiento y cambio profesional de los maestros de matemáticas en relación con el desarrollo y aplicación de los materiales curriculares de los grados K a 12.

Elizabeth Difanis Phillips es Especialista Académica Sénior del Departamento de Matemáticas de la Universidad Estatal de Michigan. Se interesa en la enseñanza y aprendizaje de las matemáticas tanto por parte de los maestros como de los estudiantes. Estos intereses la han conducido a desarrollar proyectos profesionales y curriculares para los niveles de escuela intermedia y secundaria, así como proyectos relacionados con la enseñanza y el aprendizaje del álgebra en los distintos grados.

James T. Fey es Profesor Emérito de la Universidad de Maryland. Su continuo interés profesional ha sido el desarrollo y la investigación de materiales curriculares que implican la participación de los estudiantes de la escuela intermedia y secundaria en la investigación cooperativa basada en la resolución de problemas de ideas matemáticas y sus aplicaciones.

Susan N. Friel es Profesora de Educación de Matemáticas de la Escuela de Educación de la Universidad de Carolina del Norte en Chapel Hill. Sus intereses de investigación se centran en la enseñanza de estadística a los estudiantes de los grados intermedios y, más ampliamente, en el desarrollo y crecimiento profesional de los maestros en la enseñanza de las matemáticas de los grados K a 8.

Con... Yvonne Grant y Jacqueline Stewart

Yvonne Grant enseña matemáticas en la Escuela Intermedia Portland en Portland, Michigan. Jacqueline Stewart es una maestra de secundaria de matemáticas, recientemente retirada, de la Escuela Secundaria Okemos en Okemos, Michigan. Tanto Yvonne como Jacqueline han trabajado en todos los aspectos del desarrollo, la implementación y el desarrollo profesional del currículum de CMP desde sus inicios en 1991.

Equipo de desarrollo

Autores de CMP3

Glenda Lappan, Profesora Universitaria Distinguida, Universidad Estatal de Michigan
Elizabeth Difanis Phillips, Especialista Académica Sénior, Universidad Estatal de Michigan
James T. Fey, Profesor Emérito, Universidad de Maryland
Susan N. Friel, Profesora, Universidad de Carolina del Norte en Chapel Hill

Con...

Yvonne Grant, Escuela Intermedia Portland, Michigan
Jacqueline Stewart, Asesora de Matemáticas, Mason, Michigan

En memoria de... William M. Fitzgerald, Profesor (Fallecido), Universidad Estatal de Michigan, que hizo contribuciones sustanciales para la conceptualización y creación de CMP1.

Ayudante administrativa

Universidad Estatal de Michigan
Judith Martus Miller

Equipo de apoyo

Universidad Estatal de Michigan
Ayudantes por graduarse:
Bradley Robert Corlett, Carly Fleming,
Erin Lucian, Scooter Nowak

Ayudantes de desarrollo

Universidad Estatal de Michigan
Ayudantes Graduados de Investigación:
Richard "Abe" Edwards, Nic Gilbertson,
Funda Gonulates, Aladar Horvath,
Eun Mi Kim, Kevin Lawrence, Jennifer
Nimtz, Joanne Philhower, Sasha Wang

Equipo de exámenes

Maine
Escuelas Públicas de Falmouth
Escuela Intermedia Falmouth: Shawn Towle

Michigan
Escuelas Públicas de Ann Arbor
Escuela Intermedia Tappan:
Anne Marie Nicoll-Turner
Escuelas Públicas de Portland
Escuela Intermedia Portland:
Holly DeRosia, Yvonne Grant

Escuelas Públicas del Área de Traverse City
Escuela Intermedia de Traverse City Este:
Jane Porath, Mary Beth Schmitt

Escuela Intermedia de Traverse City Oeste:
Jennifer Rundio, Karrie Tufts

Ohio
Escuelas Locales de Clark-Shawnee
Escuela Intermedia Rockway: Jim Mamer

Asesores de contenido

Universidad Estatal de Michigan
Peter Lappan, Profesor Emérito,
Departamento de Matemáticas

Colegio Comunitario de Normandale
Christopher Danielson, Instructor,
Departamento de Matemáticas y Estadística

Universidad de Carolina del Norte en Wilmington
Dargan Frierson, Jr., Profesor, Departamento de Matemáticas y Estadística

Actividades para estudiantes
Universidad Estatal de Michigan
Brin Keller, Profesora Asociada,
Departamento de Matemáticas

Asesores

Indiana
Universidad Purdue
Mary Bouck, Asesora de Matemáticas

Michigan
Escuelas de Okland
Valerie Mills, Supervisora de Educación de Matemáticas
Asesoras de Educación de Matemáticas: Geraldine Devine, Dana Gosen

Ellen Bacon, Asesora de Matemáticas Independiente

Nueva York
Universidad de Rochester
Jeffrey Choppin, Profesor Asociado

Ohio
Universidad de Toledo
Debra Johanning, Profesora Asociada

Pennsylvania
Universidad de Pittsburgh
Margaret Smith, Profesora

Texas
Universidad de Texas en Austin
Emma Trevino, Supervisora de los Programas de Matemáticas, El Centro Dana

Mathematics for All Consulting
Carmen Whitman, Asesora de Matemáticas

....

Revisores

Michigan
Escuelas Públicas de Ionia
Kathy Dole, Directora de Currículum e Instrucción

Universidad Estatal de Grand Valley
Lisa Kasmer, Profesora asistente

Escuelas Públicas de Portland
Teri Keusch, Maestra de clase

Minnesota
Distrito Escolar 270 de Hopkins
Michele Luke, Coordinadora de Matemáticas

....

Centros de pruebas de campo para CMP3

Michigan
Escuelas Públicas de Ann Arbor
Escuela Intermedia Tappan
Anne Marie Nicoll-Turner*

Escuelas Públicas de Portland
Escuela Intermedia Portland: Mark Braun, Angela Buckland, Holly DeRosia, Holly Feldpausch, Angela Foote, Yvonne Grant*, Kristin Roberts, Angie Stump, Tammi Wardwell

Escuelas Públicas del Área de Traverse City
Escuela Intermedia de Traverse City Este
Ivanka Baic Berkshire, Brenda Dunscombe, Tracie Herzberg, Deb Larimer, Jan Palkowski, Rebecca Perreault, Jane Porath*, Robert Sagan, Mary Beth Schmitt*

Escuela Intermedia de Traverse City Oeste
Pamela Alfieri, Jennifer Rundio, Maria Taplin, Karrie Tufts*

Maine
Escuelas Públicas de Falmouth
Escuela Intermedia Falmouth: Sally Bennett, Chris Driscoll, Sara Jones, Shawn Towle*

Minnesota
Escuelas Públicas de Minneapolis
Escuela Comunitaria Jefferson: Leif Carlson*, Katrina Hayek Munsisoumang*

Ohio
Escuelas Locales de Clark-Shawnee
Escuela Reid: Joanne Gilley
Escuela Intermedia Rockway: Jim Mamer*
Escuela Possum: Tami Thomas

*Indica Coordinador de Centro de Pruebas de Campo

Variables y patrones

Introducción al álgebra

1

Variables, tablas y gráficas   7

2

Analizar relaciones entre variables   39

Más adelante

En distintas temporadas del año, el número de horas de luz solar cambia diariamente. ¿**Cómo** cambia el número de horas de luz solar con el paso del tiempo a lo largo del año? ¿**Por qué** sucede esto?

¿**Cuánto** debe cobrar una compañía de paseos en bicicleta a cada cliente para obtener ganancias?

• ¿Cómo crees que nuestros ingresos por el paseo se relacionarán con el precio del paseo?
• ¿Qué precio debemos cobrar?
• ¿Cómo justificamos nuestra decisión?

El precio por admisión en grupo al parque de diversiones Mundo Salvaje es de $50, más $10 por persona. ¿**Qué** ecuación relaciona el precio con el número de personas del grupo?

Mundo Salvaje — PARQUE DE DIVERSIONES

Admisión normal
$21.00 por persona

Precio especial para grupos
$50.00 más $10.00 por miembro del grupo

Incluye una tarjeta de bono buena por 100 puntos

Algunas cosas al parecer nunca cambian. El sol siempre sale por el este y se pone por el oeste. Los Estados Unidos celebran elecciones presidenciales cada cuatro años. El Día del Trabajo cae siempre el primer lunes de septiembre.

Muchas otras cosas siempre cambian. La temperatura sube y baja en un día y de una estación a otra. Las ventas cambian por el aumento y la caída de los precios y por la demanda de los compradores. Los niveles de audiencia de programas de televisión y películas cambian cuando cambia el interés en ellos. Las velocidades de las bicicletas cambian por las variaciones del tráfico, el terreno y el clima.

En matemáticas, ciencias y negocios, las cantidades que cambian se llaman *variables*. Muchos problemas requieren pronosticar cómo se relacionan los cambios en los valores de una variable con los cambios en los valores de otra. Para resolver esos problemas, puedes representar las relaciones entre variables con descripciones verbales, tablas, gráficas y ecuaciones. Las ideas y destrezas matemáticas para resolver esos problemas provienen de una rama de las matemáticas: *álgebra*. Esta Unidad presenta algunos de los instrumentos básicos del álgebra.

Más adelante

Aspectos matemáticos a destacar

Variables y patrones

En *Variables y patrones* estudiarás algunas ideas básicas de álgebra y aprenderás algunas maneras de usar esas ideas para resolver problemas y tomar decisiones.

Las Investigaciones de esta Unidad te ayudarán a aprender a:

- Reconocer situaciones en las que las variables se relacionan en formas predecibles.

- Describir patrones de cambio con palabras, tablas de datos, gráficas y ecuaciones.

- Usar tablas de datos, gráficas, ecuaciones y desigualdades para resolver problemas.

A medida que trabajas en los Problemas de esta Unidad, hazte preguntas sobre situaciones que incluyen variables cuantitativas relacionadas, como:

¿**Cuáles** son las variables del problema?

¿**Qué** variables dependen de otras o cambian en relación con otras?

¿**Cómo** puedo usar una tabla, gráfica, ecuación o desigualdad para representar y analizar una relación entre variables?

Prácticas matemáticas y hábitos mentales

En el plan de estudios de *Connected Mathematics* desarrollarás la comprensión de importantes ideas matemáticas mediante la resolución de problemas y la reflexión sobre las matemáticas involucradas. Todos los días usarás "hábitos mentales" para encontrar el sentido a los problemas y aplicar lo que aprendas a nuevas situaciones. Algunos de esos hábitos se describen en los *Estándares estatales comunes para prácticas matemáticas* (PM).

PM1 Entender problemas y perseverar en resolverlos.

Cuando uses las matemáticas para resolver un problema, te será de gran utilidad pensar cuidadosamente en

- los datos y otros hechos conocidos, y sobre la información adicional necesaria para resolver el problema;
- las estrategias que has usado para resolver problemas similares, y si primero puedes resolver un problema relacionado más simple;
- cómo podrías expresar el problema con ecuaciones, diagramas o gráficas;
- si tu respuesta tiene sentido.

PM2 Razonar de manera abstracta y cuantitativa.

Cuando se te pide resolver un problema, a menudo es útil

- concentrarte primero en las ideas matemáticas clave;
- comprobar que tu respuesta tenga sentido en el contexto del problema;
- usar lo que sabes acerca del contexto del problema para guiar tu razonamiento matemático.

PM3 Construir argumentos viables y evaluar el razonamiento de otros.

Cuando se te pide explicar por qué una conjetura es correcta, puedes

- mostrar algunos ejemplos que concuerden con la afirmación y explicar por qué concuerdan;
- mostrar cómo un nuevo resultado surge lógicamente de hechos y princípios conocidos.

Cuando creas que una afirmación matemática es incorrecta, puedes

- mostrar uno o varios contraejemplos, es decir, casos que no concuerdan con la afirmación;
- hallar pasos del argumento que no se surjan lógicamente de afirmaciones previas.

PM4 Representar con modelos matemáticos.

Cuando se te pida que resuelvas problemas, generalmente te ayudará

- pensar cuidadosamente en los números o las figuras geométricas que sean los factores más importantes del problema, y después preguntarte cómo esos factores se relacionan entre sí;
- expresar los datos y las relaciones del problema con tablas, gráficas, diagramas o ecuaciones, y comprobar tu resultado para ver si tiene sentido.

PM5 Utilizar las herramientas apropiadas de manera estratégica.

Cuando trabajes con preguntas matemáticas siempre debes

- decidir qué herramientas son las más útiles para resolver el problema y por qué;
- intentar con una herramienta distinta cuando algo se complique.

PM6 Prestar atención a la precisión.

En toda exploración matemática o tarea de resolución de problemas, es importante

- pensar cuidadosamente en la precisión requerida para esos resultados: ¿se necesita una estimación o un bosquejo geométrico, o un valor o dibujo precisos?
- informar tus descubrimientos con lenguaje matemático correcto y claro para que pueda ser entendido por aquellos a quienes te diriges oralmente o por escrito.

PM7 Buscar y utilizar la estructura.

En toda exploración matemática o tarea de resolución de problemas, a menudo es útil

- buscar patrones que muestren cómo los datos, los números o las figuras geométricas se relacionan entre sí;
- usar patrones para hacer predicciones.

PM8 Buscar y expresar uniformidad en los razonamientos repetidos.

Cuando los resultados de un cálculo repetido muestren un patrón, es útil

- expresar ese patrón como una regla general que pueda usarse en casos similares;
- buscar métodos abreviados que simplifiquen los cálculos en otros casos.

Usarás todas las prácticas matemáticas en esta Unidad. A veces, cuando analices un problema, será obvio qué práctica es la más útil. Otras veces, decidirás qué práctica usar durante exploraciones y discusiones en clase. Después de completar cada problema, pregúntate:

- ¿Qué conocimientos matemáticos he aprendido resolviendo este problema?

- ¿Qué prácticas matemáticas fueron útiles para aprender estos conocimientos?

Variables, tablas y gráficas

La bicicleta se inventó en 1791. En la actualidad, las personas de todo el mundo usan bicicletas para su transporte y recreación diarios. Muchos pasan sus vacaciones en paseos ciclistas organizados.

Por ejemplo, la RAGBRAI, iniciales en inglés del Gran Paseo Ciclista Anual del *Register* a Través de Iowa (*Register's Annual Great Bicycle Ride Across Iowa*) es un paseo ciclista de una semana de duración a través del estado de Iowa. Los ciclistas comienzan sumergiendo sus llantas traseras en el río Missouri a lo largo de la frontera occidental de Iowa. Terminan sumergiendo sus llantas delanteras en el río Mississippi en la frontera oriental del mismo estado.

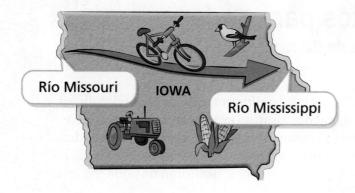

Río Missouri

IOWA

Río Mississippi

Estándares estatales comunes

6.RP.A.3a Hacer tablas de razones equivalentes que relacionan cantidades con medidas en números enteros, hallar los valores que faltan en las tablas y marcar los pares de valores en el plano de coordenadas. Usar tablas para comparar razones.

6.RP.A.3b Resolver problemas de tasa por unidad incluyendo los relativos a precios por unidad y velocidad constante.

6.EE.C.9 Usar variables para representar dos cantidades de un problema de la vida diaria que cambian en relación una con otra; escribir una ecuación para expresar una cantidad, considerada como la variable dependiente, en términos de la otra cantidad, considerada como la variable independiente. Analizar la relación entre las variables dependiente e independiente usando gráficas y tablas, y relacionarlas con la ecuación.

También 6.NS.C.6c, 6.NS.C.8

Sidney, Celia, Liz, Malcom y Theo se enteraron del RAGBRAI. Los cinco universitarios deciden organizar paseos ciclistas como negocio para las vacaciones de verano. Escogen una ruta a lo largo del océano desde Atlantic City, Nueva Jersey, hasta Colonial Williamsburg, Virginia. Los estudiantes llaman a su nueva compañía Paseos Ciclistas Océano.

1.1 Listos para rodar
Tablas de datos y gráficas

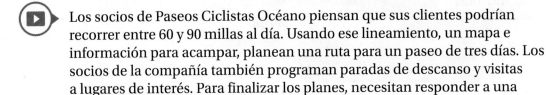

Los socios de Paseos Ciclistas Océano piensan que sus clientes podrían recorrer entre 60 y 90 millas al día. Usando ese lineamiento, un mapa e información para acampar, planean una ruta para un paseo de tres días. Los socios de la compañía también programan paradas de descanso y visitas a lugares de interés. Para finalizar los planes, necesitan responder a una pregunta más:

- ¿Cómo cambiarán probablemente la velocidad y la distancia de los ciclistas a través del día?

La respuesta a esa pregunta solo podría provenir de un recorrido de prueba. Como es difícil llevarlo a cabo en la escuela, puedes hacerte una idea haciendo un experimento con saltos de tijera. Este experimento probará tu propia condición física.

En este experimento hay dos cantidades implicadas: el número de saltos de tijera y el tiempo. El número de saltos de tijera cambia con el tiempo.

Supón que hiciste saltos de tijera lo más rápido posible durante un período de prueba de 2 minutos.

- ¿Cuántos saltos de tijera crees poder hacer en 2 minutos?
- ¿Cómo crees que cambiará la tasa de saltos de tijera durante la prueba de 2 minutos?

Problema 1.1

A Haz los saltos de tijera con la ayuda de alguien que tome el tiempo, alguien que cuente los saltos y alguien más que anote los resultados. Escribe el número total de saltos de tijera después de cada 10 segundos en una tabla de datos.

Experimento de saltos de tijera

Tiempo (segundos)	0	10	20	30	40	50	60	70	...
Número total de saltos de tijera									

B Anota tus datos en una copia del plano de coordenadas siguiente.

Saltos de tijera con el paso del tiempo

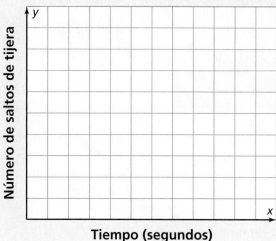

continúa en la página siguiente >

Problema **1.1** *continuación*

C ¿Cómo cambia con el tiempo la tasa de saltos de tijera (número por segundo)?

    1. ¿Cómo se muestra en la tabla de datos el cambio con el tiempo?

    2. ¿Cómo se muestra en la gráfica el cambio con el tiempo?

D Usa tus datos de saltos de tijera. ¿Qué puedes decir acerca de la velocidad de los ciclistas durante el paseo organizado por Paseos Ciclistas Océano?

E Un equipo dijo: "Nuestro saltador hizo 8 saltos cada 10 segundos".

    1. a. Copia y completa la tabla para que muestre los resultados de un estudiante que saltó a un ritmo sostenido que coincida con esa razón durante 60 segundos.

Experimento de saltos de tijera

Tiempo (segundos)	0	10	15	20	▣	30	▣	40	▣	50	▣	60
Número total de saltos de tijera	▣	8	12	▣	20	▣	28	▣	36	▣	44	▣

    b. Traza los puntos correspondientes a los pares (*tiempo, total de saltos*) de la tabla en una gráfica de coordenadas. Describe el patrón que veas.

    2. a. Otro equipo hizo 4 saltos cada 6 segundos. Copia y completa la tabla para mostrar los resultados de un estudiante que saltó a un ritmo sostenido que coincida con esa razón durante 30 segundos.

Experimento de saltos de tijera

Tiempo (segundos)	0	6	9	12	▣	▣	30
Número total de saltos de tijera	▣	4	▣	▣	10	12	▣

    b. Traza los puntos correspondientes a los pares (*tiempo, total de saltos*) de la tabla en una gráfica de coordenadas. Describe el patrón que veas. Compara la tabla y los patrones de las gráficas de los incisos (1) y (2).

A C A La tarea comienza en la página 20.

1.2 De Atlantic City a Lewes
Tiempo, velocidad y distancia

En el experimento de saltos de tijera, el número de saltos y el tiempo son variables. Una **variable** es una cantidad que puede tomar distintos valores. Una manera en que los valores de variables de la vida diaria pueden cambiar es con el paso del tiempo. Viste esto en el experimento de los saltos de tijera. El número de saltos de tijera cambió de acuerdo con el tiempo transcurrido.

El experimento de los saltos de tijera proporciona algunas ideas con respecto a lo que los ciclistas pueden esperar en el recorrido de todo un día. Para tener más confianza, los socios de Paseos Ciclistas Océano decidieron probar la ruta que diseñaron para el paseo.

Los ciclistas comienzan su paseo en Atlantic City, Nueva Jersey, y viajan al sur, hacia Cape May.

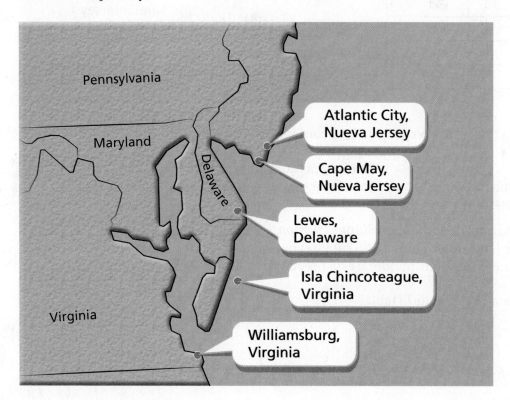

Sidney sigue a los ciclistas en una camioneta con un remolque que contiene equipo para acampar y bicicletas. Cada media hora anota en una tabla las distancias que los ciclistas han recorrido desde Atlantic City.

De Atlantic City a Cape May

Tiempo (h)	Distancia (mi)
0	0
0.5	8
1.0	15
1.5	19
2.0	25
2.5	27
3.0	34
3.5	31
4.0	38
4.5	40
5.0	45

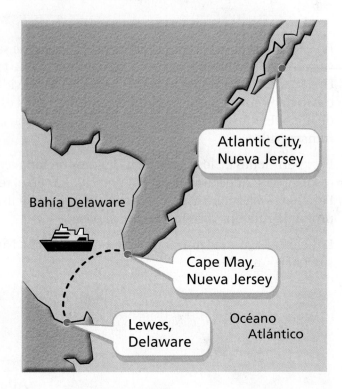

- A medida que el tiempo pasa, ¿cómo cambia la distancia?

Desde Cape May, los ciclistas y la camioneta toman un trasbordador para cruzar la bahía Delaware hacia Lewes, Delaware. Esa noche acampan en un parque estatal frente al océano.

Los socios examinan los datos de Sidney (*tiempo, distancia*). Esperan hallar patrones que les ayuden a mejorar la ruta y el horario de Paseos Ciclistas Océano. Primero deben responder a esta pregunta:

- ¿Qué relata el patrón de la tabla?

Problema 1.2

A 1. Marca los pares de datos (*tiempo, distancia*) en una gráfica de coordenadas.

2. ¿Qué patrones interesantes encuentras en los datos (*tiempo, distancia*)?

3. Explica cómo se muestran los patrones en la tabla.

4. Explica cómo se muestran los patrones en la gráfica.

B 1. ¿En qué momentos del viaje viajaban más rápido los ciclistas? ¿En qué momentos viajaban más lento?

2. Explica cómo se muestra tu respuesta en la tabla.

3. Explica cómo se muestra tu respuesta en el patrón de puntos de la gráfica.

C Conectar los puntos de una gráfica puede ayudarte a ver los patrones con más claridad. También te ayuda a considerar lo que está sucediendo en los intervalos entre los puntos. Cada manera de conectar los puntos crea un relato distinto acerca de lo que sucede entre los puntos.

Considera los datos (4.5, 40) y (5.0, 45) desde el primer día del viaje de Paseos Ciclistas Océano. Hay cinco maneras de conectar los puntos de la gráfica (*tiempo, distancia*).

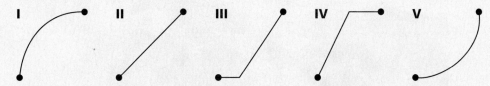

Relaciona las conexiones entre puntos que se dan con estos relatos del viaje.

1. Celia avanzó lentamente al principio y aumentó su velocidad gradualmente.

2. Theo avanzó rápidamente y llegó temprano al muelle del trasbordador de Cape May.

3. Malcom tuvo que arreglar una llanta desinflada, así que tuvo que comenzar después de los demás.

4. Tony y Sarah arrancaron rápidamente. Se cansaron pronto y disminuyeron la velocidad.

5. Liz pedaleó a un ritmo estable en toda esta parte del viaje.

D ¿Cuáles son las ventajas y las desventajas de las tablas o las gráficas para representar un patrón de cambio?

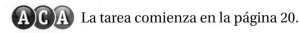 La tarea comienza en la página 20.

1.3 De Lewes a la isla Chincoteague
Cuentos, tablas y gráficas

 Durante el segundo día del recorrido de prueba del paseo ciclista, el equipo sale de Lewes, Delaware, y viaja a través de Ocean City, Maryland. El equipo se detiene en la isla Chincoteague, Virginia. La isla Chincoteague es famosa por su subasta anual de ponis. El equipo acampa aquí durante la noche.

¿Lo sabías?

La isla Assateague es el hogar de manadas de ponis salvajes. La isla tiene un duro medio ambiente de playas, dunas de arena y pantanos. Para sobrevivir, estos recios ponis comen hierba de los pantanos salados, algas e incluso hiedra venenosa.

Para mantener la población de ponis bajo control, cada verano se celebra una subasta. Durante la famosa *"Pony Swim"*, los ponis en venta nadan un cuarto de milla hacia la isla Chinconteague.

Problema 1.3

Malcom y Liz viajaron en la camioneta el trayecto de Lewes a Chincoteague. Olvidaron registrar los datos de tiempo y distancia. Afortunadamente, escribieron otras notas acerca del viaje.

Bitácora · **Todas las entradas** · 7 de junio

Entrada 1: Comenzamos a las 8:00 A.M. y viajamos con un fuerte viento en contra hasta nuestro descanso de media mañana.

Entrada 2: A media mañana, el viento comenzó a darnos por la espalda.

Entrada 3: Alrededor del mediodía nos detuvimos para el almuerzo (carne a la parrilla) y descansamos cerca de una hora. A esta hora estábamos aproximadamente a la mitad del camino a Chincoteague.

Entrada 4: Aproximadamente a las 2:00 P.M., nos detuvimos brevemente a nadar en el océano.

Entrada 5: Alrededor de las 4:00 P.M. todos los ciclistas estaban cansados. No había carril para bicicletas. Así que las pusimos en el remolque y viajamos en la camioneta hasta nuestro campamento en Chincoteague. Nos tomó 9 horas completar el recorrido de 80 millas de este día.

Modificar

A Haz una tabla de valores (*tiempo, distancia*) que refleje el relato de las notas de Malcom y Liz.

B Haz una gráfica de coordenadas que muestre la información de la tabla. ¿Tiene sentido conectar los puntos de la gráfica? Explica tu razonamiento.

C Explica cómo las entradas de tu tabla y tu gráfica ilustran las notas de viaje.

D ¿Qué representación de los datos (*tabla, gráfica* o *notas escritas*) muestra mejor el patrón de cambio de la distancia a través del tiempo? Explica tu razonamiento.

ACA La tarea comienza en la página 20.

1.4 De Chincoteague a Colonial Williamsburg

Velocidad media

Malcom observó que, durante el Día 1, los ciclistas a veces iban muy rápido o muy despacio en algunos momentos. También notó que los ciclistas recorrieron 45 millas en 5 horas.

De Atlantic City a Cape May										
Tiempo (h)	0	0.5	1.0	1.5	2.0	2.5	3.0	3.5	4.0	4.5	5.0
Distancia (mi)	0	8	15	19	25	27	34	31	38	40	45

- Malcom afirma que, en promedio, los ciclistas recorrieron 9 millas por hora. ¿Tiene razón?

- Los ciclistas, ¿realmente recorrieron 9 millas por hora en cualquier hora del Día 1? Explica tu respuesta.

La **velocidad media** por día es la velocidad en millas por hora para ese día. Malcom sentía curiosidad por saber cuál sería la velocidad media durante el Día 3.

Durante el tercer día del recorrido de prueba del paseo ciclista, el equipo viaja desde su campamento en la isla Chincoteague hasta Williamsburg, Virginia. Ahí visitan la capital colonial restaurada.

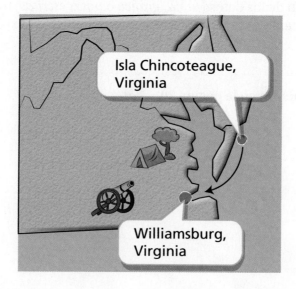

Isla Chincoteague, Virginia

Williamsburg, Virginia

¿Lo sabías?

Williamsburg fue el centro político, cultural y educativo de Virginia entre 1699 y 1780. Williamsburg era la más grande, poblada e influyente de las colonias inglesas en América.

Cerca del final de la Guerra de Independencia, la capital de Virginia fue trasladada a Richmond. Durante 150 años después de ese hecho, Williamsburg fue un poblado tranquilo.

Luego, en 1926, un movimiento comenzó a restaurar y preservar los edificios históricos de la ciudad. En la actualidad, Williamsburg es un popular destino turístico.

Malcom manejó y Sarah viajó con él en la camioneta todo el camino de Chinconteague a Williamsburg. Ellos hicieron una gráfica que muestra el avance de los ciclistas hora tras hora.

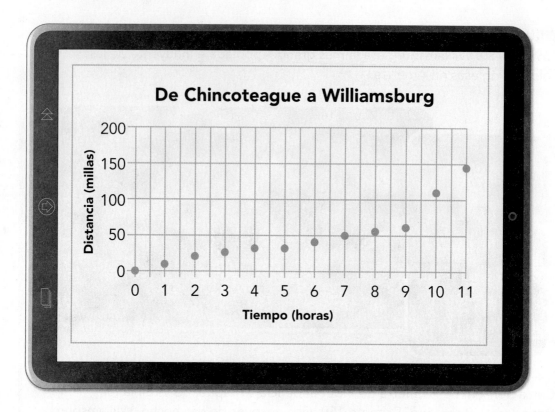

- Describe algunos patrones interesantes que veas en la gráfica.

Problema 1.4

A Haz una tabla de los pares de valores (*tiempo, distancia*) mostrados en la gráfica.

1. ¿Qué te dice el punto con las coordenadas (3, 25) acerca del avance de los ciclistas?

2. ¿Qué puntos de la gráfica tienen coordenadas (9, 60) y (10, 110)? ¿Qué te dicen esas coordenadas acerca del tiempo, la distancia y la velocidad de los ciclistas durante el Día 3?

3. ¿Cuál fue la velocidad media en millas por hora del viaje? ¿Cómo puedes saberlo a partir de la gráfica? ¿Y de la tabla?

B El equipo atraviesa el puente y el túnel de la bahía de Chesapeake. Luego, viajan en una autopista interestatal de Norfolk a Williamsburg. Por tanto, el equipo usa sus bicicletas solo durante la primera parte del trayecto.

1. De acuerdo con la gráfica y tu tabla, ¿cuándo puso el equipo sus bicicletas en el remolque y empezó a viajar en la camioneta?

2. ¿Cuál fue la velocidad media del equipo en el viaje realizado en bicicleta?

3. ¿Cuál fue la velocidad media del equipo en el viaje realizado en la camioneta?

4. ¿Cómo se muestran en la gráfica las diferencias en velocidad?

C Un ciclista muy fuerte hace el viaje de Chincoteague a Williamsburg en 8 horas pedaleando a velocidad constante.

1. ¿A qué velocidad viajó el ciclista?

2. Describe la gráfica de datos (*tiempo, distancia*) de ese viaje.

A C A La tarea comienza en la página 20.

Aplicaciones

1. Una tienda de abarrotes ha estado llevando la cuenta de sus ventas de palomitas de maíz. La tabla siguiente muestra el número total de bolsas vendidas desde las 6:00 A.M. de un día en particular.

Ventas de palomitas de maíz

Hora	Total de bolsas vendidas
6:00 A.M.	0
7:00 A.M.	3
8:00 A.M.	15
9:00 A.M.	20
10:00 A.M.	26
11:00 A.M.	30
mediodía	45
1:00 P.M.	58
2:00 P.M.	58
3:00 P.M.	62
4:00 P.M.	74
5:00 P.M.	83
6:00 P.M.	88
7:00 P.M.	92

a. Haz una gráfica de coordenadas de estos datos. Explica tu elección de rótulos y escalas en cada eje.

b. Describe el patrón de cambio en el número de bolsas de palomitas de maíz vendidas durante el día.

c. ¿Durante qué hora del día la tienda vendió más palomitas de maíz? ¿Durante qué hora vendió la menor cantidad?

2. Cuando Ming y Jamil estudiaron el crecimiento de la población en su ciudad, hallaron los datos siguientes:

Población de Okemos

Año	1970	1980	1990	1995	2000	2005	2010
Población (miles)	20	25	30	35	40	45	50

a. Ming hizo la tabla siguiente.

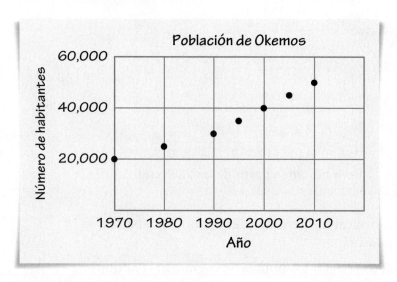

Ella dijo: "La gráfica muestra un crecimiento poblacional más rápido en el período que va de 1995 a 2010". ¿Es cierta la afirmación de Ming? ¿Por qué?

b. Jamil hizo otra gráfica. Se muestra a continuación.

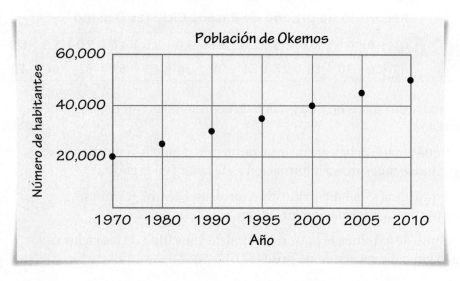

Jamil dijo: "La gráfica muestra un crecimiento poblacional con ritmo estable". ¿Es cierta su afirmación? ¿Por qué?

3. La gráfica siguiente muestra los números de latas de jugo comprados cada hora en las máquinas expendedoras de una escuela durante un día. En el eje de las *x* de la gráfica, 7 indica la hora de 7:00 a 8:00 y así sucesivamente.

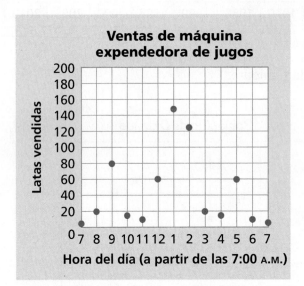

Ventas de máquina expendedora de jugos

Latas vendidas / Hora del día (a partir de las 7:00 A.M.)

a. ¿Qué puede explicar los períodos de ventas altas y bajas que muestra la gráfica?

b. ¿Tiene sentido conectar los puntos de la gráfica? ¿Por qué?

4. Antes de decidir que sus clientes podrían recorrer entre 60 y 90 millas diarias, los socios de Paseos Ciclistas Océano hicieron un recorrido de prueba. Los datos (*tiempo, distancia*) de su recorrido se muestran en la tabla siguiente.

Recorrido de prueba de Paseos Ciclistas Océano

Tiempo (h)	0	0.5	1.0	1.5	2.0	2.5	3.0	3.5	4.0	5.0	5.5	6.0
Distancia (mi)	0	10	19	27	34	39	36	43	53	62	66	72

a. Marca estos datos en una gráfica de coordenadas con escalas y rótulos.

b. ¿A qué hora(s) del recorrido avanzaron más rápido los cuatro socios? ¿Cómo se muestra esa información en la tabla y en la gráfica?

c. ¿A qué hora(s) del recorrido avanzaron más lento? ¿Cómo se muestra esa información en la tabla y en la gráfica?

d. ¿Cómo describirías el patrón general de velocidad de los ciclistas a lo largo del recorrido de prueba?

e. ¿Cuál podría ser la explicación del descenso en los datos de distancia entre las horas 2.5 y 3.5?

5. Los estudiantes hacen un examen para determinar cuántas sentadillas pueden hacer en 10 minutos. Andrea y Ken representan gráficamente sus resultados. Sus gráficas se muestran a continuación.

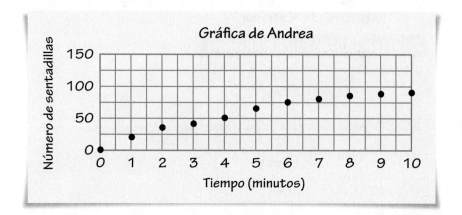

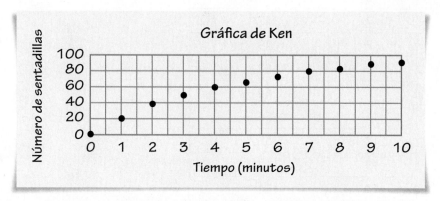

a. Ken afirma que él obtuvo un mejor resultado porque los puntos de su gráfica están situados más alto que los de la gráfica de Andrea. ¿Tiene razón Ken? Explica tu respuesta.

b. ¿De qué maneras los resultados del examen de sentadillas muestran un patrón de resistencia en actividad física que es similar a los resultados del recorrido de prueba de los socios de Paseos Ciclistas Océano?

c. ¿Quién tuvo el número medio mayor de sentadillas por minuto?

d. Compara el ritmo de Ken durante los dos primeros minutos con su ritmo durante los dos últimos.

6. Los padres de Katrina llevaron un registro de su crecimiento desde su nacimiento hasta su cumpleaños número 18. Los datos se muestran en la tabla siguiente.

Estatura de Katrina

Edad (años)	Estatura (pulgadas)
nacimiento	20
1	29
2	33.5
3	37
4	39.5
5	42
6	45.5
7	47
8	49
9	52
10	54
11	56.5
12	59
13	61
14	64
15	64
16	64
17	64.5
18	64.5

a. Haz una gráfica de coordenadas con los datos de la estatura de Katrina.

b. ¿Durante qué intervalo(s) Katrina dio el mayor "estirón"?

c. ¿Durante qué intervalo(s) la estatura de Katrina cambió menos?

d. ¿Tendría sentido conectar los puntos de la gráfica? ¿Por qué?

e. ¿Es más fácil usar la tabla o la gráfica para respondera los incisos (b) y (c)? Explica tu respuesta.

7. A continuación hay una tabla de la profundidad del agua en un puerto durante las 24 horas de un día normal. El nivel del agua aumenta y disminuye con las mareas.

Influencia de la marea en la profundidad del agua

Horas desde la medianoche	0	1	2	3	4	5	6	7	8
Profundidad (m)	10.1	10.6	11.5	13.2	14.5	15.5	16.2	15.4	14.6

Horas desde la medianoche	9	10	11	12	13	14	15	16
Profundidad (m)	12.9	11.4	10.3	10.0	10.4	11.4	13.1	14.5

Horas desde la medianoche	17	18	19	20	21	22	23	24
Profundidad (m)	15.4	16.0	15.6	14.3	13.0	11.6	10.7	10.2

a. ¿A qué hora el agua presenta mayor profundidad? Halla la profundidad a esa hora.

b. ¿A qué hora el agua presenta menor profundidad? Halla la profundidad a esa hora.

c. ¿Durante qué intervalo la profundidad cambia más rápido?

d. Haz una gráfica de coordenadas con los datos. Describe el patrón general que encuentres.

e. ¿Cómo escogiste las escalas para el eje de las x y para el eje de las y de tu gráfica? ¿Crees que todos tus compañeros de clase usaron las mismas escalas? Explica tu respuesta.

8. Tres estudiantes hicieron gráficas de la población de un pueblo
   llamado Huntsville. El corte en el eje de las *y* en las Gráficas A y C
   indica que faltan algunos valores entre 0 y 8.

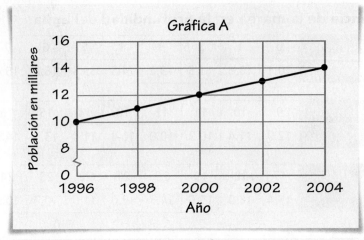

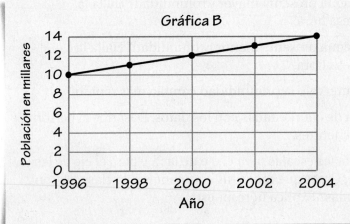

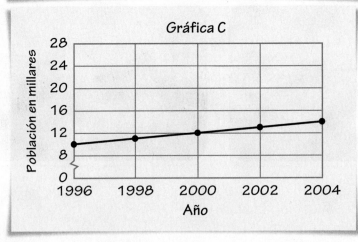

a. Describe la relación entre tiempo y población como se muestra
   en cada una de las gráficas.

b. ¿Es posible que las tres gráficas representen correctamente el
   crecimiento poblacional de Huntsville? Explica tu respuesta.

9. A continuación se presenta una gráfica de los datos de temperatura recopilados en el recorrido de prueba de Paseos Ciclistas Océano en el trayecto de Atlantic City a Lewes.

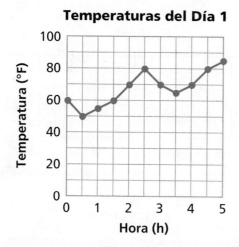

Temperaturas del Día 1

a. Haz una tabla de datos (*hora, temperatura*) a partir de esta gráfica.

b. ¿Cuál es la diferencia entre las temperaturas más alta y más baja del día?

c. ¿Durante qué intervalo(s) la temperatura aumentó más rápido? ¿Durante qué intervalo disminuyó más rápido?

d. ¿Prefieres usar la tabla o la gráfica para responder a preguntas como las de los incisos (b) y (c)? Explica tu razonamiento.

e. ¿Qué información muestran las líneas que conectan los puntos?

10. Haz una tabla y una gráfica con los datos (*hora, temperatura*) de la siguiente información acerca de un día en el camino con los ciclistas de Paseos Ciclistas Océano.

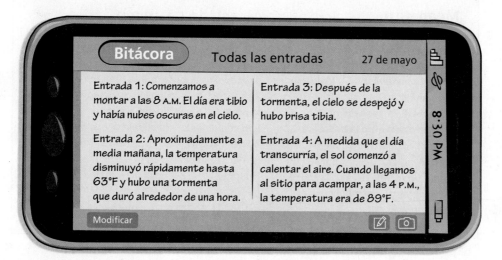

Bitácora   Todas las entradas   27 de mayo

Entrada 1: Comenzamos a montar a las 8 A.M. El día era tibio y había nubes oscuras en el cielo.

Entrada 2: Aproximadamente a media mañana, la temperatura disminuyó rápidamente hasta 63°F y hubo una tormenta que duró alrededor de una hora.

Entrada 3: Después de la tormenta, el cielo se despejó y hubo brisa tibia.

Entrada 4: A medida que el día transcurría, el sol comenzó a calentar el aire. Cuando llegamos al sitio para acampar, a las 4 P.M., la temperatura era de 89°F.

Modificar

8:30 PM

11. Amanda hizo las gráficas siguientes para mostrar las variaciones de su apetito y su estado de ánimo durante el transcurso del día. Ella olvidó rotular las gráficas.

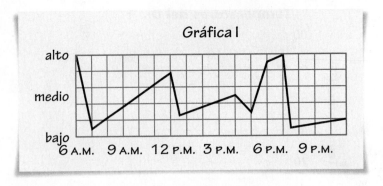

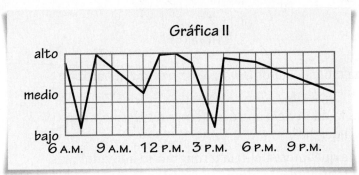

Usa las siguientes descripciones para determinar qué gráfica muestra el patrón de apetito de Amanda y cuál representa su estado de ánimo. Explica tu respuesta.

Mi apetito

Hmmm... Desperté realmente hambrienta y desayuné en abundancia. Nuevamente tenía hambre para la hora del almuerzo, que comenzó a las 11:45. Después de la escuela, comí un refrigerio antes de la práctica de básquetbol, pero ya tenía mucho apetito cuando llegó la hora de la cena. Quedé satisfecha después de cenar y no comí mucho antes de ir a dormir.

Mi estado de ánimo

Bueno, pues me levanté de buen humor, pero mi hermano menor me hizo enojar porque ensució el baño. Hablé con el niño que me gusta en el transporte escolar por la mañana. Mis clases estuvieron bien, pero estaba aburrida cerca de la hora del almuerzo. En el almuerzo me divertí con mis amigos. Me encanta mi clase de computación después del almuerzo, pero el resto de las clases de la tarde me aburrieron. Después de la escuela, la práctica de básquetbol fue fabulosa. Después de la merienda, todavía tuve que hacer algunas tareas y quehaceres.

12. Celia usa los datos (*tiempo, distancia*) de una parte del recorrido de prueba del paseo ciclista para hacer la siguiente gráfica que relaciona tiempo y velocidad. Celia olvidó incluir escalas en los ejes de la gráfica.

Gráfica de Celia

a. ¿Qué muestra esta gráfica?

b. ¿Es más probable que la gráfica sea una representación de la velocidad de un ciclista, de la camioneta del paseo o del viento durante una parte del trayecto del día? Explica tu razonamiento acerca de cada posibilidad.

13. La siguiente tabla muestra datos (*tiempo, distancia*) del regreso del grupo en la camioneta del paseo ciclista, de Williamsburg a Atlantic City.

Regreso en la camioneta de Williamsburg a Atlantic City

Tiempo (h)	0	1	2	3	4	5	6	7	8
Distancia (mi)	0	50	110	150	200	220	280	315	345

a. ¿Cuál fue la velocidad media durante todo el trayecto?

b. ¿Cuál fue la velocidad media durante las primeras cuatro horas del trayecto?

c. ¿Cuál fue la velocidad media durante las siguientes cuatro horas del trayecto?

d. Supón que durante las primeras cuatro horas del trayecto, la camioneta avanzó a una velocidad estable igual a la velocidad media calculada en el inciso (b). Supón además que durante las siguientes cuatro horas del trayecto, la camioneta avanzó a una velocidad estable igual a la velocidad media calculada en el inciso (c).

1. Dibuja la gráfica (*tiempo, distancia*) que resultaría de este patrón de avance.

2. Dibuja la gráfica (*tiempo, velocidad*) que resultaría de este patrón de avance.

Conexiones

14. Considera el siguiente patrón.

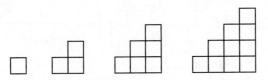

   a. Dibuja la figura que sigue en el patrón geométrico.

   b. Haz una tabla de datos (*número de cuadrados en la fila inferior, número total de cuadrados*) para las primeras diez figuras del patrón.

   c. Describe el patrón de incremento del número total de cuadrados al incrementarse la longitud de la fila inferior.

15. Haz una tabla para mostrar cómo cambia el número total de cubos en estas pirámides a medida que el ancho de la base cambia de 3 a 5 y de 5 a 7. Luego, usa el patrón de esos números para pronosticar el número de cubos para pirámides cuyas bases tengan anchos de 9, 11, 13 y 15.

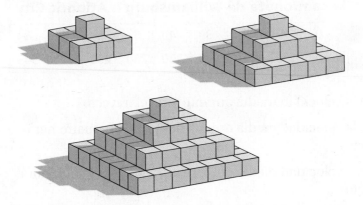

En los Ejercicios 16 a 18, ordena los números dados de menor a mayor. Luego, para cada lista ordenada, describe un patrón que relacione cada número con el siguiente.

16. 1.75, 0.25, 0.5, 1.5, 2.0, 0.75, 1.25, 1.00

17. $\frac{3}{8}$, 1, $\frac{1}{4}$, $\frac{7}{8}$, $\frac{3}{4}$, $\frac{1}{2}$, $\frac{1}{8}$, $\frac{5}{8}$

18. $\frac{4}{3}$, $\frac{1}{3}$, $\frac{1}{6}$, $\frac{4}{6}$, $\frac{8}{3}$, $\frac{32}{6}$

19. Los socios de Paseos Ciclistas Océano quieren comparar sus planes con los de algunas compañías similares. El paseo ciclista que están planeando dura tres días y se preguntan si es un tiempo demasiado corto. Malcom llamó a 18 compañías para preguntar: "¿Cuántos días dura su paseo más popular?". Estas son las respuestas que recibió:

Datos de paseos ciclistas

3	6	7
5	10	7
4	2	3
3	5	14
5	7	12
4	3	6

   a. Haz un diagrama de los datos.

   b. De acuerdo con el inciso (a), ¿debe Paseos Ciclistas Océano cambiar la duración de su viaje de tres días? Explica tu respuesta.

20. La siguiente gráfica muestra los resultados de una encuesta realizada entre personas mayores de 25 años con distintos niveles de escolaridad. La gráfica muestra el promedio del salario de las personas de acuerdo con sus niveles de escolaridad.

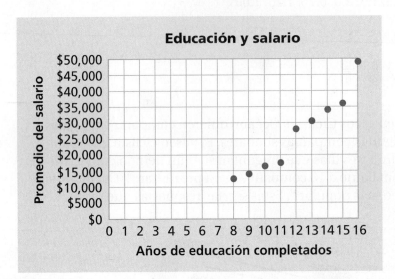

a. Haz una tabla que muestre la información de la gráfica.

b. ¿Después de cuántos años de educación los salarios presentan un gran salto? ¿Por qué piensas que sucede esto?

c. ¿Te es más fácil responder al inciso (b) examinando la gráfica o la tabla? Explica tu respuesta.

21. Piensa en algo de tu vida que varíe con el tiempo. Haz una gráfica para mostrar el patrón de cambio.

Ampliaciones

22. El número de horas de luz solar durante el día cambia a lo largo del año. Decimos que los días son "más cortos" en invierno y "más largos" en verano. La siguiente tabla muestra el número de horas de luz solar en Chicago, Illinois, durante un día normal de cada mes del año (enero es el Mes 1 y así sucesivamente).

Horas de luz solar

Mes	Número de horas
1	10.0
2	10.2
3	11.7
4	13.1
5	14.3
6	15.0
7	14.5
8	13.8
9	12.5
10	11.0
11	10.5
12	10.0

a. Describe cualquier relación que encuentres entre las dos variables.

b. En una cuadrícula, dibuja una gráfica de coordenadas de los datos. En el eje de las x escribe meses y en el eje de las y escribe horas de luz solar. ¿Qué patrones encuentras?

c. Las estaciones del Hemisferio Sur son lo opuesto de las del Hemisferio Norte. Cuando en América del Norte es verano, en Australia es invierno. Chicago está a aproximadamente la misma distancia al norte del ecuador que Melbourne, Australia, al sur del mismo. Haz una gráfica que muestre la relación que esperarías hallar entre el mes y las horas de luz solar en Melbourne.

d. Pon los valores (*mes, luz solar*) de tu gráfica del inciso (c) en una tabla.

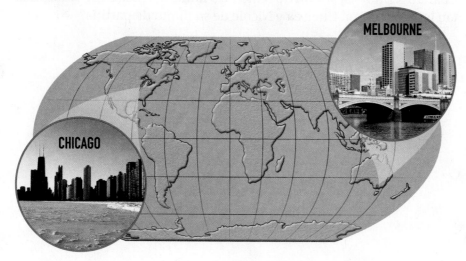

23. a. Un club escolar vende sudaderas para recaudar fondos. ¿Cuál de las siguientes gráficas, si la hay, describe la relación que esperarías encontrar entre el precio de cada sudadera y las ganancias? Explica tu elección o dibuja una nueva gráfica que según tu opinión describa mejor esta relación.

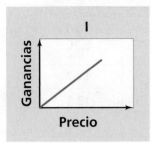
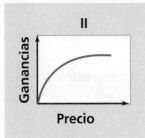
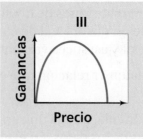
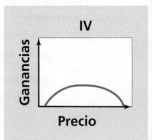

b. ¿Qué variables pueden influir en las ganancias del club?

24. Chelsea y Nicole pueden remar en una canoa a una velocidad estable de 5 millas por hora en aguas tranquilas.

a. El sábado, ellas reman durante 3 horas en un lago tranquilo. Haz una gráfica de su velocidad durante el período de 3 horas.

b. El domingo, ellas reman en un río con una corriente de 2 millas por hora. Reman con la corriente durante 1 hora. Luego, dan la vuelta y reman contra la corriente durante 2 horas. Haz una gráfica de su velocidad durante este período de 3 horas.

c. Cuando terminó la sesión de remo de 3 horas del inciso (c), ¿qué tan lejos quedaron Chelsea y Nicole de su punto de partida?

25. En los incisos (a) a (e) siguientes, ¿cómo cambia el valor de una variable a medida que lo hace el valor de la otra? Estima pares de valores que muestren el patrón de cambio que esperarías. Anota tus estimaciones en una tabla con por lo menos cinco datos.

Ejemplo: las horas que ves televisión en una semana y tu promedio de calificaciones escolares.

Respuesta: A medida que el tiempo de televisión aumenta, puedo esperar que mi promedio disminuya. Mira la tabla siguiente.

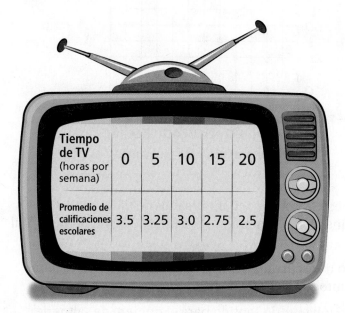

Tiempo de TV (horas por semana)	0	5	10	15	20
Promedio de calificaciones escolares	3.5	3.25	3.0	2.75	2.5

a. la distancia de tu escuela a tu casa y el tiempo que te lleva caminar a tu casa

b. el precio de las palomitas de maíz en un cine y el número de bolsas vendidas

c. la velocidad de un avión y el tiempo que le toma completar un viaje de 500 millas

d. la factura del teléfono celular y el número de mensajes de texto enviados

e. el costo de una llamada de larga distancia y su duración en minutos

26. Algunos estudiantes hicieron un experimento de saltos de tijera. Representaron los datos del estudiante que pudo hacer más saltos de tijera en cierto tiempo.

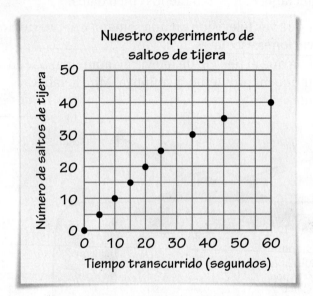

a. De acuerdo con la gráfica, ¿cuántos saltos de tijera hizo el saltador al final de 10 segundos? ¿Y al final de 20 segundos? ¿Y al final de 60 segundos?

b. Da el tiempo transcurrido y el número de saltos de tijera para otros dos puntos de la gráfica.

c. ¿Qué estimación tendría sentido para el número de saltos de tijera en 30 segundos? ¿Y en 40 segundos? ¿Y en 50 segundos?

d. ¿Qué muestra el patrón general de la gráfica acerca de la velocidad a la que el saltador completó sus saltos?

e. Supón que conectas los puntos primero y último con una línea recta. ¿Mostraría la línea el patrón general? Explica tu respuesta.

Reflexiones matemáticas

Los Problemas de esta Investigación te ayudaron a pensar en las variables y los patrones que relacionan a los valores de la variables. En particular, te ayudaron a desarrollar la comprensión y la destreza para usar tablas de datos y gráficas con la finalidad de estudiar cantidades o variables que cambian con el tiempo.

Esta Investigación te desafió para que usaras esas herramientas matemáticas para hallar patrones relevantes en las relaciones entre distancia, tiempo y velocidad de objetos en movimiento.

Piensa en tus respuestas a estas preguntas. Comenta tus ideas con otros estudiantes y con tu maestro. Luego, escribe un resumen en tu cuaderno.

1. Puedes mostrar patrones de cambio con el tiempo mediante tablas, gráficas e informes escritos.

   a. ¿**Cuáles** son las ventajas y desventajas de mostrar patrones con tablas?

   b. ¿**Cuáles** son las ventajas y desventajas de mostrar patrones con gráficas?

   c. ¿**Cuáles** son las ventajas y desventajas de mostrar patrones con informes escritos?

2. a. ¿**Cómo** hallas patrones en la velocidad de un objeto en movimiento analizando los datos (*tiempo, distancia*) de las tablas?

   b. ¿**Cómo** hallas patrones en la velocidad de un objeto en movimiento analizando los datos (*tiempo, distancia*) de las gráficas de coordenadas?

Estándares comunes de prácticas matemáticas

Al trabajar en los problemas de esta Investigación, usaste conocimientos previos para encontrarles sentido. También aplicaste prácticas matemáticas para resolverlos. Piensa en el trabajo que hiciste, las maneras en que pensaste acerca de los problemas y cómo usaste las prácticas matemáticas.

Héctor describió sus reflexiones de la siguiente manera:

> Nuestro equipo hizo una tabla y una gráfica de nuestro experimento con saltos de tijera. Luego, evaluamos los datos.
>
> Observamos algo acerca de dos entradas de tabla adyacentes. La diferencia entre esas entradas, dividida por 10, indica el número de saltos de tijera por segundo.
>
> Sin embargo, en nuestra gráfica, las velocidades mayores se muestran en saltos más grandes hacia arriba de un punto de datos al siguiente.
>
> ....
>
> **Estándares estatales comunes para prácticas matemáticas (PM)**
>
> **PM4** Representar con modelos matemáticos.

- ¿Qué otras prácticas matemáticas puedes identificar en el razonamiento de Héctor?

- Describe una práctica matemática que tus compañeros de clase y tú usaron para resolver un problema diferente de esta Investigación.

Analizar relaciones entre variables

El recorrido de prueba realizado por los socios de Paseos Ciclistas Océano generó varias preguntas.

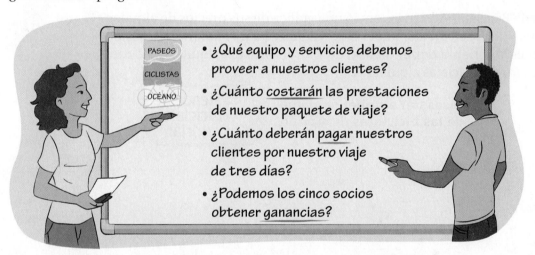

PASEOS CICLISTAS OCÉANO

- ¿Qué equipo y servicios debemos proveer a nuestros clientes?
- ¿Cuánto costarán las prestaciones de nuestro paquete de viaje?
- ¿Cuánto deberán pagar nuestros clientes por nuestro viaje de tres días?
- ¿Podemos los cinco socios obtener ganancias?

Para tomar sus decisiones, los cinco socios decidieron investigar un poco. En esta Investigación usarás tablas, gráficas y palabras para analizar la información derivada de su investigación y aconsejar a los socios de esta compañía de viajes.

Estándares estatales comunes

6.NS.C.6b Comprender que los signos de los números de pares ordenados indican la ubicación en los cuadrantes del plano de coordenadas; reconocer que cuando dos pares ordenados son diferentes solo por los signos, las ubicaciones de los puntos están relacionadas por las reflexiones a través de uno o dos ejes.

6.NS.C.6c Hallar y colocar enteros y otros números racionales en un diagrama de recta numérica horizontal o vertical; hallar y colocar pares de enteros y otros números racionales en un plano de coordenadas.

6.NS.C.8 Resolver problemas matemáticos y de la vida diaria marcando puntos en los cuatro cuadrantes del plano de coordenadas. Incluir el uso de coordenadas y del valor absoluto para hallar las distancias entre los puntos que tienen la misma primera coordenada o la misma segunda coordenada.

6.EE.B.6 Usar variables para representar números y escribir expresiones al resolver un problema matemático o de la vida diaria; comprender que una variable puede representar un número desconocido o, dependiendo del propósito, cualquier número de un conjunto específico.

2.1 Alquiler de bicicletas
Variables independientes y dependientes

Los operadores de los paseos decidieron alquilar bicicletas para sus clientes. Para ello, obtuvieron información de dos tiendas de bicicletas. Centro de Ciclismo Rocky les envió una tabla de tarifas de alquiler de bicicletas.

Centro de Ciclismo Rocky

Alquiler de bicicletas en Centro de Ciclismo Rocky

Número de bicicletas	5	10	15	20	25	30	35	40	45	50
Costo de alquiler ($)	400	535	655	770	875	975	1,070	1,140	1,180	1,200

Tienda de Bicicletas Adrián les envió una gráfica de sus precios de alquiler. El número de bicicletas alquiladas es la **variable independiente.** El costo de alquiler es la **variable dependiente,** porque el costo del alquiler depende del número de bicicletas alquiladas.

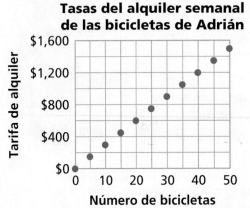

Tasas del alquiler semanal de las bicicletas de Adrián

Tienda de Bicicletas Adrián

Las gráficas generalmente presentan la variable independiente en el eje de las x y la variable dependiente en el eje de las y.

Los socios de Paseos Ciclistas Océano necesitan elegir una tienda de alquiler de bicicletas. Supón que te piden consejo.

- ¿Qué tienda recomendarías?
- ¿Cómo justificarías tu elección?

Problema 2.1

Usa las entradas de la tabla y la gráfica para responder a las siguientes preguntas de comparación.

A ¿Cuáles serían los costos de alquilar en Rocky y en Adrián si el paseo requiere 20 bicicletas? ¿Y 40 bicicletas? ¿Y 32 bicicletas?

B Aproximadamente, ¿cuántas bicicletas es posible alquilar en Rocky o en Adrián en los casos siguientes?

    1. Un grupo tiene $900 para gastar.

    2. Un grupo tiene $400 para gastar.

C Quieres determinar cómo se relaciona el costo de alquiler con el número de bicicletas.

    1. ¿Qué patrón ves en la tabla de Centro de Ciclismo Rocky?

    2. ¿Qué patrón ves en la gráfica de Tienda de Bicicletas Adrián?

D ¿Cómo puedes pronosticar los costos de alquiler para números de bicicletas que no se muestran en las entradas de la tabla o los puntos de la gráfica?

E ¿Qué información acerca de los costos de alquiler de bicicletas fue más fácil de obtener de la tabla y cuál de la gráfica?

F ¿Qué formato de datos es más útil?

ACA La tarea comienza en la página 50.

2.2 Hallar clientes
Patrones lineales y no lineales

Los operadores de los paseos han planeado una ruta y seleccionado una tienda de alquiler de bicicletas. La siguiente tarea es calcular un precio para el paseo. Quieren que sea lo suficientemente bajo para atraer clientes. Y que sea lo suficientemente alto para tener **ingresos** mayores que sus gastos. Ésa es la manera en que una compañía produce **ganancias.**

Los socios realizan una encuesta para orientarse al establecer el precio. Preguntan a las personas que han hecho otros paseos ciclistas lo que pagarían por el paseo planeado.

Precios que los clientes pagarían

Precio del paseo	$100	$150	$200	$250	$300	$350	$400	$450	$500
Número de clientes	40	35	30	25	20	15	10	5	0

Examina cuidadosamente los datos que relacionan el precio y el número de clientes.

Problema 2.2

Las preguntas siguientes te pueden ayudar a escoger un precio para el paseo.

A 1. Haz una gráfica para los datos donde se relacione el precio con el número de clientes ¿Cuál es la variable dependiente? Explica cómo lo sabes.

2. ¿Cómo cambia el número de clientes a medida que el precio se incrementa?

3. ¿Cómo es el cambio en el número de clientes que muestra la tabla? ¿Cómo es el cambio que muestra la gráfica?

4. ¿Cómo estimarías el número de clientes para un precio de $175? ¿Y para un precio de $325?

B 1. Los socios necesitan saber qué ingresos pueden esperar del paseo. Amplían la tabla (*precio, clientes*) como se muestra a continuación. Copia y completa la tabla para hallar cómo se relacionarían los ingresos con el precio y el número de clientes.

Pronóstico de los ingresos por el paseo

Precio del paseo	$100	$150	$200	$250	$300	$350	$400	$450	$500
Número de clientes	40	35	30	25	20	15	10	5	0
Ingresos por el paseo	$4,000	▪	▪	▪	▪	▪	▪	▪	▪

2. Haz una gráfica de los datos (*precio, ingresos*).

3. Describe el patrón que relaciona los ingresos del paseo con el precio del paseo. Usa una oración que comience: "A medida que el precio del paseo aumenta, los ingresos del paseo . . . ". Explica por qué ese patrón tiene o no sentido.

 La tarea comienza en la página 50.

2.3 Pronosticar las ganancias
Gráficas en cuatro cuadrantes

La encuesta realizada por Paseos Ciclistas Océano mostró que los ingresos dependen del precio del paseo. Los socios quieren determinar si pueden obtener ganancias de su negocio. Así como los ingresos, ellos tienen que considerar el costo de realizar el paseo. Su investigación muestra que el alquiler de bicicletas, las tarifas por acampar y los alimentos costarán $150 por cliente.

Los socios quieren obtener ganancias. Necesitan averiguar cómo dependen las ganancias del precio del paseo.

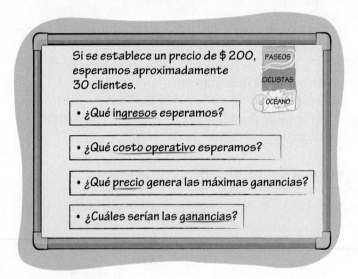

Si se establece un precio de $200, esperamos aproximadamente 30 clientes.

PASEOS CICLISTAS OCÉANO

- ¿Qué <u>ingresos</u> esperamos?

- ¿Qué <u>costo operativo</u> esperamos?

- ¿Qué <u>precio</u> genera las máximas ganancias?

- ¿Cuáles serían las <u>ganancias</u>?

Problema 2.3

 A   **1.** La tabla siguiente muestra la relación entre las ganancias y el precio. Copia y completa la tabla.

Ganancias pronosticadas por el paseo

Precio del paseo	$100	$150	$200	$250	$300	$350	$400	$450	$500
Número de clientes	40	35	30	25	20	15	10	5	0
Ingresos del paseo ($)	4,000	▧	▧	▧	▧	▧	▧	▧	▧
Costo operativo ($)	6,000	▧	▧	▧	▧	▧	▧	▧	▧
Ganancias o pérdidas del paseo ($)	⁻2,000	▧	▧	▧	▧	▧	▧	▧	▧

Problema **2.3**   *continuación*

2. Celia y Malcom quieren tener un panorama de prospectos de ganancias por el negocio del paseo. Necesitan representar gráficamente los datos (*precio, ganancias*). Algunos de los datos son números negativos. Esos números representan pérdidas posibles por la realización del paseo.

La clave para representar gráficamente los datos que son números negativos es ampliar las rectas numéricas de los ejes de las *x* y de las *y*. Ambos ejes se pueden ampliar en la dirección negativa. Esto produce una cuadrícula como la siguiente. Úsala para hacer una gráfica de los datos (*precio, ganancias*) de la tabla del inciso (1).

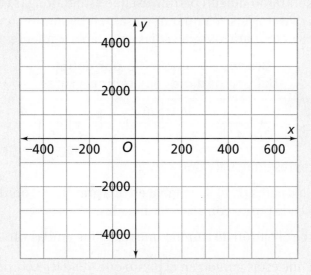

3. **a.** Describe el patrón de la tabla del inciso (1) y de la gráfica del inciso (2).

   b. Explica por qué ocurre el patrón.

   c. Piensa en el análisis de pronósticos de ganancias. ¿Qué precio sugieres para el paseo? Explica tu razonamiento.

continúa en la página siguiente >

B En enero, los socios pensaron en ofrecer un paseo ciclista invernal. Estudiaron el pronóstico del tiempo para los siguientes cuatro días. Anotaron el número de grados por encima o por debajo del promedio de las temperaturas de cada día.

Grados por encima o por debajo del promedio de las temperaturas

x	0	1	2	3	4
y	-1	5	-3	-5	2

Ellos no encontraron ningún patrón, así que estudiaron las temperaturas de los cinco días previos. Compararon esas temperaturas con el promedio. Anotaron sus datos para los nueve días en la tabla siguiente.

Grados por encima o por debajo del promedio de las temperaturas

x	-4	-3	-2	-1	0	1	2	3	4
y	-2	4	-3	1	-1	5	-3	-5	2

1. ¿Qué representan los valores x y y?

2. Marca los pares (x, y) de la tabla en una gráfica de coordenadas. Rotula cada punto con sus coordenadas.

3. Describe el patrón de cambio que relacione ambas variables.

C 1. Supón que estás parado en el punto que tiene las coordenadas (3, 4). Indica cómo te moverías en las líneas de la cuadrícula para llegar a los puntos siguientes:

   a. $(-3, 4)$ **b.** $(-3, -4)$ **c.** $(3, -4)$

   d. $(1.5, -2)$ **e.** $(-1.5, 2)$ **f.** $(-2.5, -3.5)$

2. ¿Qué tan lejos tendrías que moverte sobre las líneas de la cuadrícula para viajar entre cada par de puntos?

   a. (3, 4) a (-3, 4) **b.** (3, 4) a (3, -4) **c.** (3, 4) a (-3, -4)

D 1. Jakayla estaba observando los puntos (3, 4), (-3, 4), (-3, -4), y (3, -4). Ella dijo que las ubicaciones de esos puntos con signos diferentes son imágenes reflejadas entre sí. ¿Tiene sentido la conjetura de Jakayla? Explica tu respuesta.

2. Mitch dice que es como una reflexión. ¿Tiene sentido el comentario de Mitch?

A C A La tarea comienza en la página 50.

2.4 ¿Cuál es el cuento?
Interpretar gráficas

A menudo, las gráficas de coordenadas dan información acerca de las variables. Por tanto, es importante ser hábil para leer el "cuento" de una gráfica. A continuación hay algunas preguntas para hacerse al mirar una gráfica.

- ¿Cuáles son las variables?

- Los valores de una variable, ¿parecen depender de los valores de la otra?

- ¿Qué dice la forma de una gráfica acerca de la relación entre las variables?

Por ejemplo, el número de carros en el estacionamiento de tu escuela cambia a medida que pasa el tiempo durante un día escolar normal. La Gráfica 1 y la Gráfica 2 muestran dos posibles maneras en que el número de carros estacionados puede cambiar con el tiempo.

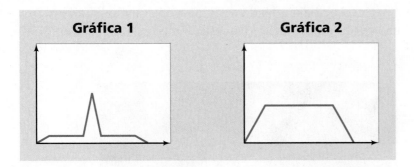

- Describe el cuento que cada gráfica cuenta acerca del estacionamiento de la escuela.

- ¿Qué gráfica muestra el cuento que esperas?

- ¿Cómo rotularías la gráfica que escojas para que alguien más pudiera saber lo que representa?

Problema 2.4

Las preguntas A a H describen pares de variables relacionadas.

Para cada par, haz lo siguiente:

- Decide cuáles son las variables.
- Decide cuál es la variable dependiente y cuál la independiente.
- Piensa acerca de cómo luciría una gráfica o una tabla de esos datos.
- Al final del Problema, halla la gráfica que dice el cuento de cómo se relacionan las variables. Si ninguna gráfica se ajusta a la relación tal como la entiendes, haz tu propia gráfica.
- Explica qué dice la gráfica acerca de la relación de las variables.
- Dale un título a la gráfica.

A El número de estudiantes que van a una excursión escolar está relacionado con el precio del viaje por cada estudiante.

B Cuando una patinadora baja un lado de una rampa de medio tubo y luego sube el otro lado, su velocidad cambia a medida que pasa el tiempo.

C El nivel del agua cambia con el paso del tiempo cuando alguien llena una bañera, toma un baño y vacía la bañera.

D El tiempo de espera para subirse a un juego mecánico popular en un parque de diversiones está relacionado con el número de asistentes al parque.

Problema **2.4** *continuación*

E Las ganancias o pérdidas diarias de un parque de diversiones dependen del número de clientes que pagan.

F El número de horas de luz solar cambia con el tiempo a medida que transcurren las estaciones.

G Las ganancias o pérdidas diarias de una pista de patinaje dependen de la temperatura máxima durante el día.

H La asistencia semanal a una película popular cambia a medida que el tiempo pasa a partir de la fecha de la primera exhibición de la película en los cines.

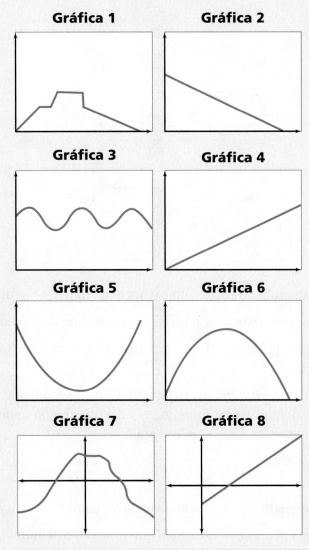

Gráfica 1	**Gráfica 2**
Gráfica 3	**Gráfica 4**
Gráfica 5	**Gráfica 6**
Gráfica 7	**Gráfica 8**

ACA La tarea comienza en la página 50.

Aplicaciones

1. La siguiente tabla muestra pesos normales de cachorros de tigre, desde el nacimiento hasta las 11 semanas. Usa los datos para responder a los incisos (a) a (g).

Pesos normales de cachorros de tigre

Edad (semanas)	Peso corporal esperado (kg)
nacimiento	1.3
1	2.3
2	3.0
3	3.8
4	4.5
5	5.2
6	6.0
7	6.7
8	7.5
9	7.6
10	8.9
11	9.7

a. ¿Qué peso se pronostica para un cachorro de tigre de 1 semana?

b. ¿Qué peso se pronostica para un cachorro de tigre de 10 semanas?

c. Normalmente, ¿a qué edad los cachorros de tigre pesan 7 kilogramos?

d. Marca los datos (*edad, peso*) en una gráfica de coordenadas con escalas apropiadas. Explica por qué tiene o por qué no tiene sentido conectar los puntos en esa gráfica.

e. ¿Cómo describirías el patrón que relaciona la edad del cachorro con su peso?

f. ¿Cómo se muestra ese patrón en la tabla de datos?

g. ¿Cómo se muestra ese patrón en la gráfica de coordenadas?

2. Desi está planeando una fiesta de karts. Kartlandia le da una tabla de tarifas grupales. Pista del Trueno le da una gráfica. La tabla y la gráfica se muestran a continuación.

Precios de paquetes de Kartlandia

Número de vueltas recorridas	10	20	30	40	50	60
Costo	$25	$45	$65	$85	$105	$125

a. Halla el costo de 50 vueltas en ambos establecimientos.

b. Halla el costo de 20 vueltas en ambos establecimientos.

c. Halla el costo de 35 vueltas en ambos establecimientos.

d. Busca patrones en las relaciones entre el número de vueltas y el costo en Pista del Trueno. ¿Cómo se muestra el patrón en la tabla?

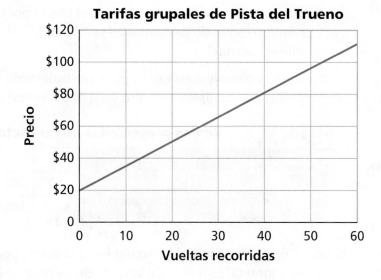

Tarifas grupales de Pista del Trueno

e. Busca patrones en las relaciones entre el número de vueltas y el costo en Kartlandia. ¿Cómo se muestra el patrón en la gráfica?

f. ¿Qué establecimiento parece ofrecer el mejor trato?

3. La siguiente tabla muestra las tarifas que se cobran por los sitios para acampar en uno de los cámpings de la ruta de Paseos Ciclistas Océano.

Tarifas por acampar

Número de sitios para acampar	1	2	3	4	5	6	7	8
Tarifa total	$12.50	$25.00	$37.50	$50.00	$62.50	$75.00	$87.50	$100.00

a. Haz una gráfica de coordenadas de los datos.

b. ¿Tiene sentido conectar los puntos de la gráfica? Explica tu respuesta.

c. Usando la tabla, describe el patrón de cambio en la tarifa total a medida que se incrementa el número de sitios para acampar.

d. ¿Cómo se muestra en tu gráfica el patrón que describiste en el inciso (c)?

4. Algunos presidentes de clase quieren vender camisetas para recaudar fondos para una excursión. Preguntan a los estudiantes de su clase cuánto pagarían por una camiseta y anotan los datos en una tabla.

Ventas proyectadas de camisetas

Precio por camiseta	$5	$10	$15	$20	$25
Número de camisetas vendidas	50	40	30	20	10

a. Describe la relación que hay entre el precio por camiseta y el número esperado de camisetas vendidas. ¿Es el tipo de patrón que esperarías?

b. Copia y completa esta tabla para que muestre la relación entre el precio por camiseta y el valor total de las ventas de las mismas.

Ventas proyectadas de camisetas

Precio por camiseta	$5	$10	$15	$20	$25
Número de camisetas vendidas	50	40	30	20	10
Valor total de las ventas de camisetas	$250	$400	■	■	■

c. ¿Cómo describirías la relación entre el precio por camiseta y el valor total esperado de la venta de las mismas? ¿Es el tipo de patrón que esperarías?

d. Haz gráficas de coordenadas de los datos, como las que se muestran a continuación.

e. Explica cómo se muestran tus respuestas a los incisos (a) y (c) en las gráficas.

5. Una tienda de artículos para campismo alquila equipo a $25 por persona durante una semana.

   a. Haz una tabla del total de los cargos por alquiler para 0, 5, 10, ..., 40 personas.

   b. Haz una gráfica de coordenadas usando los datos de tu tabla.

   c. Compara el patrón de tu tabla y tu gráfica con los patrones que hallaste en los datos de tarifas por acampar del Ejercicio 3. Describe las semejanzas y las diferencias entre ambos conjuntos de datos.

6. Los socios del paseo ciclista necesitan rentar un camión para transportar el equipo de campismo, la ropa y el equipo de reparación de bicicletas. Ellos comparan los precios de dos compañías de alquiler de camiones.

   a. Camiones Costa Este cobra $4 por cada milla recorrida. Haz una tabla de los cargos para 0, 100, 200, ..., 800 millas.

   b. Alquiler de Camiones Filadelfia cobra $40 al día y un cargo adicional de $3.00 por milla recorrida. Haz una tabla de los cargos por alquilar un camión durante cinco días y recorrer 0, 100, 200, ..., 800 millas.

   c. En una gráfica de coordenadas, marca los cargos de ambas compañías. Usa un color distinto para marcar los puntos que representen el plan de cada compañía.

   d. Basándote en tu trabajo de los incisos (a) a (c), ¿qué compañía ofrece el mejor trato? Explica tu respuesta.

7. La tabla siguiente muestra tarifas por usar un sitio para acampar en un parque estatal desde 1 día hasta el límite del parque, de 10 días.

Tarifas de los sitios para acampar

Días de uso	1	2	3	4	5	6	7	8	9	10
Tarifa total	$20	$30	$40	$50	$60	$70	$75	$80	$85	$90

   a. Haz una gráfica de coordenadas que represente los datos de la tabla.

   b. ¿Tiene sentido conectar los puntos de tu gráfica? Explica tu respuesta.

   c. Describe el patrón que relaciona las variables *días de uso* y *tarifa de sitio para acampar.*

8. La gráfica de la derecha muestra la relación entre las ganancias diarias y la temperatura exterior en un parque acuático cubierto durante diez días de distintas temporadas del año.

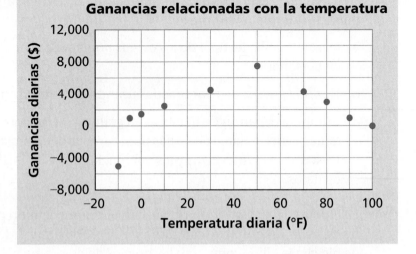

Ganancias relacionadas con la temperatura

a. Completa una tabla que muestre los valores de los datos representados.

b. Describe el patrón que relaciona las ganancias con la temperatura exterior. Explica cómo el patrón es representado por los puntos en la gráfica.

9. Las gráficas de coordenadas con cuatro cuadrantes también se pueden usar para localizar lugares en un mapa. Las cuatro celdas de la tabla siguiente muestran dónde, en los cuatro cuadrantes, los valores de *x* y de *y* serán positivos y negativos.

(− , +)	(+ , +)
(− , −)	(+ , −)

Usa la tabla y el mapa de la cuadrícula para dar coordenadas que permitan localizar cada sitio rotulado. Escribe las coordenadas en el orden (*x, y*).

a. alcaldía

b. hospital

c. estadio

d. estación de policía

e. estación de bomberos

f. escuela intermedia

g. escuela secundaria

h. centro comercial

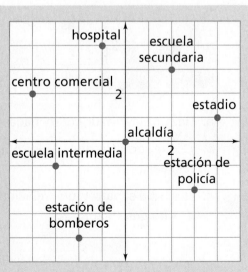

Supón que un detector de movimiento lleva el registro del tiempo y de la distancia recorrida a medida que caminas 40 pies en 8 segundos. Los resultados se muestran en las gráficas siguientes. Úsalas para responder a los Ejercicios 10 y 11.

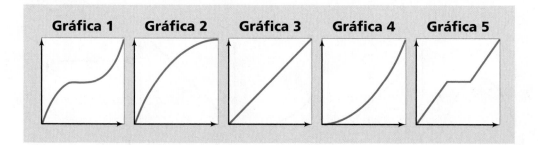

Gráfica 1   Gráfica 2   Gráfica 3   Gráfica 4   Gráfica 5

10. Empareja una de las gráficas (*tiempo, distancia*) anteriores con el cuento que describe cada caminata.

a. Caminas a una velocidad estable de 5 pies por segundo.

b. Primero caminas despacio y después aumentas la velocidad de caminata de manera sostenida.

c. Primero caminas rápido, te detienes varios segundos y después caminas a una velocidad en aumento durante el resto del recorrido.

d. Caminas a velocidad estable durante 3 segundos, te detienes durante 2 segundos y después caminas a una velocidad estable el resto del recorrido.

e. Primero caminas rápido pero gradualmente reduces la velocidad a medida que llegas al final de la caminata.

11. Para cada una de las caminatas correspondientes a las gráficas anteriores, completa una tabla (*tiempo, distancia*) como la siguiente. Usa números que coincidan con el patrón mostrado en la gráfica.

Tiempo (segundos)	1	2	3	4	5	6	7	8
Distancia (pies)	▪	▪	▪	▪	▪	▪	▪	40

12. Las gráficas siguientes muestran cinco patrones de ventas diarias de un nuevo videojuego conforme pasa el tiempo desde su lanzamiento. Empareja cada gráfica (*tiempo, ventas*) con el "cuento" que relata.

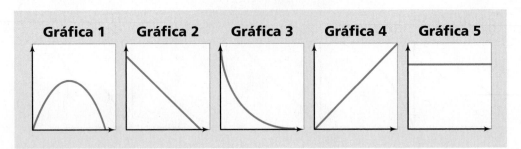

Gráfica 1   Gráfica 2   Gráfica 3   Gráfica 4   Gráfica 5

a. Las ventas diarias declinaron a una velocidad estable.

b. La ventas diarias no cambiaron.

c. Las ventas diarias aumentaron rápidamente, se nivelaron y después declinaron rápidamente.

d. Las ventas diarias aumentaron a una velocidad constante.

e. Primero, las ventas diarias cayeron rápidamente; después cayeron más lentamente.

13. Opción múltiple Jamie irá a Washington, D. C., para marchar en un desfile con la banda escolar. Él planea ahorrar $25 al final de cada mes para usarlos en el viaje. Selecciona la gráfica que muestra cómo aumentarán los ahorros de Jamie a medida que pase el tiempo.

A.
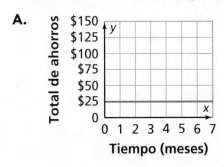

B.
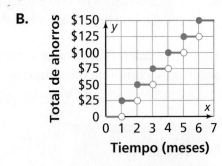

C.
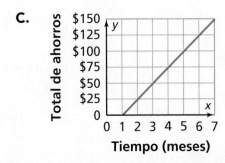

D. Ninguna de las anteriores es correcta.

14. La gráfica siguiente muestra cómo cambió la temperatura durante una caminata de todo el día realizada por estudiantes del Club de Ciencias de la Escuela Intermedia Terrapin.

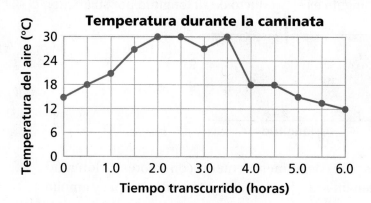

Temperatura durante la caminata

a. ¿Cuál fue la temperatura máxima y cuándo ocurrió?

b. ¿Cuándo aumentó más rápido la temperatura?

c. ¿Cuándo disminuyó más rápido la temperatura?

d. ¿Cuándo estuvo la temperatura alrededor de los 24°C?

e. Los participantes se encontraron con una tormenta. ¿Cuándo crees que sucedió esto?

Jacy trabaja en una tienda de departamentos los fines de semana. La gráfica de la derecha muestra los costos del estacionamiento que usa Jacy.

15. Opción múltiple ¿Cuánto gastará Jacy por estacionar su carro menos de media hora?

F. $0.50

G. $0.75

H. $1.00

J. $1.50

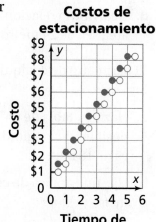

Costos de estacionamiento

16. Opción múltiple ¿Cuánto gastará Jacy por estacionarse 4 horas y 15 minutos?

A. $6.00

B. $6.50

C. $6.75

D. $7.00

Conexiones

17. El área de un rectángulo es el producto de su longitud por su ancho.

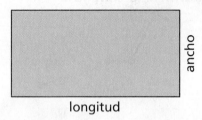

a. Halla todos los pares de números enteros con valores de longitud y ancho que den un área de 24 metros cuadrados. Copia y amplía la tabla siguiente para anotar los pares.

Rectángulos con áreas de 24 m²

Longitud	◼	◼	◼	...
Ancho	◼	◼	◼	...

b. Haz una gráfica de coordenadas de los datos (*longitud, ancho*) del inciso (a).

c. Conecta los puntos de tu gráfica si tiene sentido hacerlo. Explica tu decisión.

d. Describe la relación entre longitud y ancho para rectángulos cuya área sea de 24 metros cuadrados.

18. El perímetro de cualquier rectángulo es la suma de sus longitudes de los lados.

a. Haz una tabla de todos los pares de valores de números enteros posibles de longitud y ancho para un rectángulo cuyo perímetro es de 18 metros.

b. Haz una gráfica de coordenadas de los datos (*longitud, ancho*) del inciso (a).

c. Conecta los puntos de tu gráfica si tiene sentido hacerlo. Explica tu decisión.

d. Describe la relación entre longitud y ancho para rectángulos cuyo perímetro sea de 18 metros. Explica cómo se muestra esa relación en la tabla y la gráfica.

19. La tabla siguiente muestra los países y los tiempos ganadores de la prueba olímpica femenina de 400 metros planos desde 1964.

Prueba olímpica femenina de 400 metros planos

Año	País	Tiempo (segundos)
1964	Australia	52.01
1968	Francia	52.03
1972	Alemania del Este	51.08
1976	Polonia	49.29
1980	Alemania del Este	48.88
1984	Estados Unidos	48.83
1988	Unión de Repúblicas Socialistas Soviéticas	48.65
1992	Francia	48.83
1996	Francia	48.25
2000	Australia	49.11
2004	Bahamas	49.41
2008	Reino Unido	49.62
2012	Estados Unidos	49.55

a. Haz una gráfica de coordenadas de la información (*año, tiempo*). Escoge una escala que te permita ver las diferencias entre los tiempos ganadores.

b. ¿Qué patrones ves en la tabla y en la gráfica? ¿Parecen los tiempos ganadores aumentar o reducirse? ¿En qué año se logró el mejor tiempo?

20. Estas son las ganancias en taquilla de una película durante las primeras ocho semanas siguientes a su estreno.

Ganancias en taquilla

Semanas en exhibición	1	2	3	4	5	6	7	8
Ganancias semanales (millones de $)	16	22	18	12	7	4	3	1

a. Haz una gráfica de coordenadas que muestre los datos de la tabla.

b. Explica cómo cambiaron las ganancias semanales a medida que el tiempo pasaba. ¿Cómo se muestra este patrón de cambio en la tabla y en la gráfica? ¿Por qué podría haber sucedido este cambio?

c. ¿Cuáles fueron las ganancias totales de la película en las ocho semanas?

d. Haz una gráfica de coordenadas que muestre las ganancias totales después de cada semana.

e. Explica cómo cambiaron las ganancias totales de la película con el tiempo. ¿Cómo se muestra este patrón de cambio en la tabla y en la gráfica? ¿Por qué podría haber sucedido este cambio?

21. Dos estudiantes pensaban acerca de la relación entre el precio y el número de camisetas vendidas durante una recaudación de fondos realizada en la escuela. Ellos tenían opiniones distintas acerca de las variables independientes y dependientes.

> Shaun argumentó que cambiar el precio cambiaría el número de camisetas vendidas; por tanto, el precio sería la variable independiente.
>
> Victoria afirmaba que el número meta de camisetas vendidas debería determinar el precio a cobrar; por tanto, el número de camisetas vendidas era la variable independiente.

¿Qué piensas acerca de ambas opiniones? ¿Siempre importa cuál variable se considerará la independiente y cuál la dependiente?

Ampliaciones

22. Los estudiantes planean lavar carros para recaudar fondos.
Preguntan a algunos adultos cuánto pagarían por un lavado de carro.
La tabla siguiente muestra los resultados de la investigación.

Precio que los clientes pagarían por un lavado de carro

Precio de lavado de carro	$4	$6	$8	$10	$12	$14
Número de clientes	120	105	90	75	60	45

a. Haz una gráfica de coordenadas de los datos (*precio, clientes*).
Conecta los puntos si tiene sentido hacerlo.

b. Describe el patrón que relaciona el precio con el número de
clientes. Explica cómo la tabla y la gráfica muestran el patrón.

c. Basándote en el patrón, ¿qué número de clientes pronosticarías si
el precio fuera de $16? ¿Y si fuera de $20? ¿Y si fuera de $2?

d. Copia y completa la siguiente tabla que relaciona el precio de un
lavado de carro con el ingreso proyectado.

Ingresos proyectados por lavar carros

Precio de lavado de carro	$4	$6	$8	$10	$12	$14
Número de clientes	120	105	90	75	60	45
Ingresos proyectados	■	■	■	■	■	■

e. Haz una gráfica de coordenadas de los datos (*precio, ingresos*).

f. Explica por qué tiene sentido considerar el precio como la
variable independiente y el ingreso como la variable dependiente.

g. ¿Tiene sentido conectar los punto de la gráfica de coordenadas?
¿Por qué?

h. Describe la manera en que cambian los ingresos proyectados por
lavar carros a medida que el precio se incrementa. Explica cómo
se muestra este patrón en la gráfica.

i. Supón que los estudiantes deben pagar $1.50 de agua y
suministros de limpieza por cada carro lavado. ¿Cómo puedes
usar este factor para hallar las ganancias de lavar carros para
varios precios?

23. Usa lo que sabes acerca de los números decimales para hallar las coordenadas de cinco puntos que se encuentren en el segmento de recta entre los puntos rotulados de cada una de estas gráficas:

a.

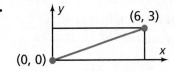

b.

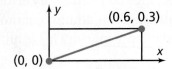

24. Cada una de las gráficas siguientes muestra una relación entre las variables independientes (eje de las *x*) y dependientes (eje de las *y*). Sin embargo, las escalas de los ejes de coordenadas no son las mismas para todas las gráficas.

Gráfica 1

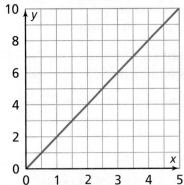

Gráfica 2

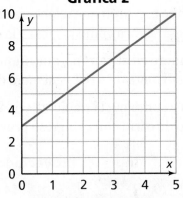

Gráfica 3

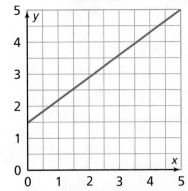

Gráfica 4

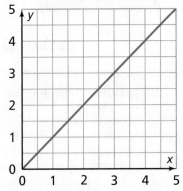

a. Completa este enunciado para cada gráfica: La gráfica muestra que *y* se incrementa en ▓ por cada incremento de 1 en *x*.

b. ¿Qué gráfica muestra la variable dependiente que se incrementa más rápido a medida que aumenta la variable independiente?

c. ¿Qué gráfica muestra la variable dependiente que se incrementa más despacio a medida que aumenta la variable independiente?

En esta Investigación, estudiaste patrones que relacionan los valores de las variables. También pensaste acerca de las maneras en que esos patrones se muestran en tablas de valores y gráficas de coordenadas. Estas preguntas te ayudarán a resumir lo que has aprendido.

Piensa en tus respuestas a estas preguntas. Comenta tus ideas con otros estudiantes y con tu maestro. Luego, escribe un resumen en tu cuaderno.

1. La palabra *variable* se usa para describir condiciones en ciencias y administración.

   a. **Explica** lo que significa la palabra *variable* cuando se usa en situaciones como las que estudiaste en esta Investigación.

   b. **¿Cuándo** se usan las palabras *independiente* y *dependiente* para describir variables relacionadas? ¿Cómo se usan?

2. Supón que los valores de una variable dependiente aumentan a medida que aumentan los valores de una variable independiente relacionada. **¿Cómo** se muestra la relación de las variables en cada uno de los medios siguientes?

   a. Una tabla de valores para las dos variables.

   b. Una gráfica de valores para las dos variables.

3. Supón que los valores de una variable dependiente disminuyen a medida que aumentan los valores de una variable independiente relacionada. **¿Cómo** se muestra la relación de las variables en cada uno de los medios siguientes?

   a. Una tabla de valores para las dos variables.

   b. Una gráfica de valores para las dos variables.

Estándares comunes de prácticas matemáticas

Al trabajar en los problemas de esta Investigación, usaste conocimientos previos para encontrarles sentido. También aplicaste prácticas matemáticas para resolverlos. Piensa en el trabajo que hiciste, las maneras en que pensaste acerca de los problemas y cómo usaste las prácticas matemáticas.

Jayden describió sus reflexiones de la siguiente manera:

Analizamos las dos tiendas de bicicletas del Problema 2.1.

Notamos que, en ambas tiendas, el costo de alquiler se incrementa a medida que aumenta el número de bicicletas.

El costo de alquilar en Rocky es más alto al principio. Después de cierto punto, el costo en Rocky se incrementa más despacio que el costo de alquilar en Adrián.

Otro equipo observó que en Adrián cobran una tarifa fija de $30 por bicicleta. El costo en Rocky por bicicleta disminuye a medida que aumenta el número de bicicletas.

Luego, Mike, de un tercer equipo, representó gráficamente los costos de alquilar en Rocky. Notó que el patrón se parece al del experimento de saltos de tijera. Los puntos aumentan rápido al principio, pero después la tasa de incremento se reduce.

....

Estándares estatales comunes para prácticas matemáticas (PM)

PM8 Buscar y expresar uniformidad en los razonamientos repetidos.

- ¿Qué otras prácticas matemáticas puedes identificar en el razonamiento de Jayden?

- Describe una práctica matemática que tus compañeros de clase y tú usaron para resolver un problema diferente de esta Investigación.

Relacionar variables con ecuaciones

En las dos primeras Investigaciones de esta Unidad, usaste tablas y gráficas para estudiar las relaciones entre variables. Es útil expresar estas relaciones mediante reglas. Estas reglas te indican cómo calcular el valor de la variable dependiente dado el valor de la variable independiente.

En muchos casos, puedes escribir las reglas como ecuaciones algebraicas o fórmulas. Trabajar en los Problemas de esta Investigación te ayudará a desarrollar esa habilidad.

Representaciones de relaciones
Contexto del problema

Tabla ⟷ Gráfica

Relación en palabras

Ecuación

....

Estándares estatales comunes

6.EE.A.2 Escribir, leer y evaluar expresiones en las que hay letras que representan números.

6.EE.A.2c Evaluar expresiones para valores específicos de sus variables. Incluir expresiones que surgen de fórmulas que se usan en problemas de la vida diaria. Realizar operaciones aritméticas, como las que incluyen exponentes de números enteros, en el orden convencional cuando no hay paréntesis para especificar un orden en particular (orden de las operaciones).

6.EE.B.7 Resolver problemas matemáticos y de la vida diaria escribiendo y resolviendo ecuaciones de la forma $x + p = q$ y $px = q$ para casos en los que p, q y x sean números racionales no negativos.

6.EE.C.9 Usar variables para representar dos cantidades de un problema de la vida diaria que cambian en relación una con otra; escribir una ecuación para expresar una cantidad, considerada como la variable dependiente, en términos de la otra cantidad, considerada como la variable independiente. Analizar la relación entre las variables dependiente e independiente usando gráficas y tablas, y relacionarlas con la ecuación.

También 6.RP.A.2, 6.RP.A.3, 6.RP.A.3a, 6.RP.A.3b, 6.RP.A.3d, 6.EE.A.1, 6.EE.A.2a, 6.EE.A.3, 6.EE.A.4, 6.EE.B.6

3.1 Visita a Mundo Salvaje

Ecuaciones con una operación

Durante el último día del paseo de Paseos Ciclistas Océano, los socios estarán cerca del Parque de diversiones Mundo Salvaje. Ellos planean hacer una parada ahí.

- ¿Qué variables influirán en el costo del viaje al parque de diversiones?

- ¿Cómo influirán esas variables en el costo?

Malcom averigua que visitar Mundo Salvaje cuesta $21 por persona. Liz sugiere que hagan una tabla o gráfica para relacionar el precio de admisión con el número de personas. Sin embargo, Malcom dice que hay una regla simple para calcular el costo:

El costo en dólares es igual a 21 veces el número de personas.

Malcom escribió la regla como el enunciado:

$$costo = 21 \times número\ de\ personas$$

Liz acorta el enunciado de Malcom usando letras que representan las variables. Usa c para el costo y n para el número de personas:

$$c = 21 \times n$$

Nota sobre la notación Cuando multiplicas un número por una variable de letra puedes eliminar el signo de multiplicación. Por tanto, $21n$ significa $21 \times n$.

Puedes acortar el enunciado aún más:

$$c = 21n$$

Por tanto, $21n$ es una **expresión** para hallar el costo total c. Obtienes el costo total multiplicando 21, el costo por persona, por n, el número de personas. El hecho de que c y $21n$ sean iguales permite formar la **ecuación** $c = 21n$. En ella, al número 21 se le conoce como **coeficiente** de la variable n.

La ecuación $c = 21n$ incluye un cálculo. Multiplicas el número de clientes n por el costo por cliente, $21. Muchas ecuaciones comunes incluyen un cálculo.

Problema 3.1

A Theo quiere atraer clientes para el paseo ciclista. Sugiere un descuento de $50 sobre el precio normal por inscripción temprana.

1. ¿Cuál es el precio con descuento si el precio normal por el paseo es $400? ¿Y $500? ¿Y $650?

2. Escribe una ecuación que represente la relación entre el precio con descuento, D, y el precio normal, P.

PASEOS CICLISTAS OCÉANO

Inicio
Fechas
Tarifas
Mapas
Seguridad
Video

¡DESCUENTO DE
$50 *sobre el precio normal*

por Inscripción temprana!

B Cuando los socios de Paseos Ciclistas Océano establezcan un precio para los clientes deberán hallar el 6% de impuesto sobre la venta.

1. ¿Cuál será el impuesto sobre la venta si el precio del paseo es de $400? ¿Y $500? ¿Y $650?

2. Escribe una ecuación que represente la relación de la cantidad de impuesto sobre la venta I y el precio del paseo P.

C Supón que un ciclista profesional sostuviera una velocidad de aproximadamente 20 millas por hora en una carrera larga.

1. Aproximadamente, ¿cuánto viajaría el ciclista en 2 horas? ¿Y en 3 horas? ¿Y en 3.5 horas?

2. A una velocidad de 20 millas por hora, ¿cómo se relaciona la distancia recorrida d con el tiempo t (en horas)? Escribe una ecuación para representar la relación.

3. Explica la información que representa el coeficiente de t.

D El viaje desde Williamsbug, Virgina, a Atlantic City, Nueva Jersey, es de aproximadamente 350 millas.

1. ¿Cuánto tomará el viaje si la velocidad media de la camioneta es de 40 millas por hora? ¿Y si es de 50 millas por hora? ¿Y si es de 60 millas por hora?

2. Escribe una ecuación que muestre cómo el tiempo total t depende de la velocidad media v.

 La tarea comienza en la página 76.

3.2 Moverse, enviar mensajes y medir
Usar tasas y tablas de tasas

Hay muchas relaciones entre variables que puedes escribir como ecuaciones algebraicas. Un tipo simple de ellas es especialmente importante.

Relación:	costo de admisión a número de clientes	impuesto sobre las ventas a precio de Paseos Ciclistas Océano	distancia a tiempo recorrido por ciclista
Ecuación:	$c = 21n$	$I = 0.06P$	$d = 20t$
Coeficiente:	precio por cliente	tasa de impuesto por dólar	velocidad media en millas por hora

Las relaciones con reglas de la forma $y = mx$ ocurren a menudo. Es importante entender los patrones en las tablas y gráficas que producen esas relaciones. También es útil entender la información especial proporcionada en cada caso por m, el coeficiente de x.

En esas ecuaciones, el coeficiente indica la **tasa de cambio** de la variable dependiente a medida que la variable independiente se incrementa de manera estable.

> **?** ¿Cómo está representada la tasa de cambio en una ecuación, tabla o gráfica?

Las preguntas de este Problema te permitirán desarrollar la comprensión y la destreza para trabajar con tasas en distintas situaciones.

Problema 3.2

A Cuando termina el paseo ciclista, los ciclistas ponen sus bicicletas y equipo en camionetas y se dirigen a Atlantic City.

1. Copia y completa la tabla de tasas para mostrar cómo la distancia depende del tiempo para distintas velocidades medias.

Distancia recorrida a distintas velocidades medias

Tiempo (h)	Distancia para una velocidad de 50 mi/h	Distancia para una velocidad de 55 mi/h	Distancia para una velocidad de 60 mi/h
0	0	▨	▨
1	50	▨	▨
2	100	▨	▨
3	▨	▨	▨
4	▨	▨	▨

2. Escribe una ecuación para mostrar cómo se relacionan la distancia d y el tiempo t por viajar a cada velocidad.

   a. 50 millas por hora

   b. 55 millas por hora

   c. 60 millas por hora

3. Grafica los datos (*tiempo, distancia*) para las tres velocidades en la misma gráfica de coordenadas. Usa un color distinto para cada velocidad.

4. Para cada una de las tres velocidades medias:

   a. Busca patrones que relacionen la distancia y el tiempo en la tabla y en la gráfica. Explica cómo se muestra el patrón en la tabla y en la gráfica.

   b. Theo observó que el coeficiente de la variable independiente de cada ecuación es la velocidad media o tasa por unidad. ¿Tiene razón? Explica tu respuesta.

5. **a.** Explica cómo puedes usar la tabla, gráfica o ecuación para hallar la distancia cuando $t = 6$ horas.

   b. ¿Cómo usarías la tabla, gráfica o ecuación para hallar el tiempo cuando la distancia es de 275 millas? Explica tu respuesta.

continúa en la página siguiente >

Problema **3.2** *continuación*

B Un plan con teléfono inteligente cobra $0.03 por mensaje de texto.

   1. **a.** Haz una tabla de cobros mensuales por 0; 500; 1,000; 1,500; 2,000 y 2,500 mensajes de texto.

      b. Usa la tabla. ¿Cuál es el costo de 1,000 mensajes? ¿Y de 1,725 mensajes?

      c. Usa la tabla. ¿Cuántos mensajes de texto fueron enviados en un mes si el cobro por ellos fue $75? ¿Y $60? ¿Y $18?

   2. **a.** ¿Cómo se relaciona el cobro mensual B por mensajes de texto con el número de mensajes de texto n? Escribe una ecuación que represente el cobro mensual por n mensajes.

      b. Usa la ecuación que escribiste en el inciso (a) para hallar el costo de 1,250 mensajes de texto en un mes.

   3. **a.** Haz una gráfica de la relación entre el cobro por mensajes de texto y el número de mensajes.

      b. Explica cómo podrías usar la gráfica para responder a las preguntas de los incisos (1b), (1c) y (2b).

C Las unidades para medir la longitud de los sistemas métrico e inglés están relacionadas. La regla es que 1 pulgada es igual a aproximadamente 2.5 centímetros.

   1. ¿Cuál es la longitud en centímetros de un segmento de recta que mide 5 pulgadas? ¿Y 12 pulgadas? ¿Y 7.5 pulgadas?

   2. ¿Cómo calcularías la longitud en centímetros C de un objeto que has medido en pulgadas P? Escribe una ecuación que represente este cálculo. Usa la ecuación para hallar el número de centímetros correspondiente a 12 pulgadas.

   3. ¿Cuál es la longitud aproximada en pulgadas de un segmento de recta que mide 10 centímetros? ¿Y 30 centímetros? ¿Y 100 centímetros?

   4. Haz una gráfica de la relación entre la longitud en centímetros y la longitud en pulgadas del inciso (2). Explica cómo usarías la gráfica para responder a las preguntas de los incisos (1) y (3).

Problema **3.2** *continuación*

D Todas las ecuaciones que escribiste en las Preguntas A a C tienen la forma $y = mx$.

1. Para cada una de las siguientes ecuaciones, haz una tabla de valores (x, y). Usa valores de números enteros de x de 0 a 6. Luego, usa tu tabla para hacer una gráfica.

   a. $y = 2x$ **b.** $y = 0.5x$ **c.** $y = 1.5x$ **d.** $y = x$

2. Explica la conexión entre el número m y el patrón de la tabla de valores y la gráfica de $y = mx$.

3. **a.** Explica cómo hallar el valor de y usando una tabla, gráfica o ecuación si $x = 2$.

   b. Explica cómo hallar el valor de x usando una tabla, gráfica o ecuación si $y = 6$.

4. Escribe un cuento que represente cada ecuación del inciso (1).

E ¿Qué semejanzas y diferencias encuentras en las ecuaciones, tablas y gráficas correspondientes a las relaciones de las Preguntas A a D?

ACA La tarea comienza en la página 76.

3.3 Descuentos grupales y una tarjeta de bono
Ecuaciones con dos operaciones

Cada ecuación que escribiste en los Problemas 3.1 y 3.2 incluía solo una operación $(+, -, \times, \div)$. Algunas ecuaciones incluyen dos o más operaciones aritméticas. Para escribir tales ecuaciones, puedes razonar tal como lo haces con las ecuaciones de una sola operación:

- Identifica las variables.

- Trabaja con algunos ejemplos numéricos específicos. Examínalos cuidadosamente. Luego, busca patrones en los cálculos que usaste.

- Escribe una regla con palabras para describir el patrón general de los cálculos.

- Convierte tu regla en una ecuación con variables de letra y símbolos.

- Piensa en si tu ecuación tiene sentido. Compruébala con algunos valores para ver si funciona.

Problema 3.3

Liz y Theo quieren visitar Mundo Salvaje con sus amigos. Theo verifica si el parque ofrece precios especiales para grupos de más de 3 personas. Él encuentra esta información en el sitio Web del parque:

Mundo Salvaje — PARQUE DE DIVERSIONES

Admisión normal
$21.00 por persona

Incluye una **tarjeta de bono** buena por 100 puntos

Precio especial para grupos
$50.00 más $10.00 por miembro del grupo

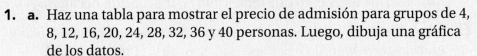

A Estudia la regla

1. **a.** Haz una tabla para mostrar el precio de admisión para grupos de 4, 8, 12, 16, 20, 24, 28, 32, 36 y 40 personas. Luego, dibuja una gráfica de los datos.

   b. Describe el patrón de cambio que se muestra en la tabla y la gráfica.

2. **a.** Describe con palabras cómo calcularías el precio de admisión de un grupo con cualquier número de personas.

   b. Escribe una ecuación que relacione el precio de admisión p con el tamaño del grupo n.

   c. ¿En qué se parecen este patrón de cambio en los precios de admisión para grupos y el patrón de cambio de las ecuaciones del Problema 3.2? ¿En qué se diferencian?

3. **a.** Describe cómo usarías la tabla, gráfica o ecuación para hallar el costo para 18 personas.

   b. Describe cómo usarías la tabla o gráfica para hallar el número de personas del grupo si el precio total es de $350 o de $390.

Problema 3.3 *continuación*

B La admisión a Mundo Salvaje incluye una tarjeta de bono con 100 puntos para los juegos mecánicos. Cada juego cuesta 6 puntos.

1. Copia y completa la tabla siguiente para mostrar el saldo en puntos de la tarjeta de cada cliente después de distintos números de juegos.

Saldo de la tarjeta de bono

Número de juegos	0	1	2	3	5	7	10	15
Puntos en la tarjeta	100	▪	▪	▪	▪	▪	▪	▪

2. Explica cómo puedes calcular el número de puntos después de cada número de juegos mecánicos.

3. Escribe una ecuación que muestre la relación entre los puntos restantes en la tarjeta de bono y el número de juegos mecánicos a los que ha subido un cliente.

4. ¿Cómo aparece en la ecuación el costo por juego? ¿Cómo aparece en la ecuación el número de puntos al inicio?

5. Haz una gráfica de la relación entre los puntos restantes y el número de juegos mecánicos de hasta 20 juegos. Describe la relación entre las variables.

C Liz se pregunta si deben rentar un carrito para llevar sus mochilas. La ecuación $c = 20 + 5h$ muestra el costo en dólares c de rentar un carrito durante h horas.

1. ¿Qué información representa cada número y cada variable en la expresión $20 + 5h$?

2. Usa la ecuación para hacer una tabla que muestre el costo de rentar un carrito durante 0, 1, 2, 3, 4, 5 y 6 horas. Luego, haz una gráfica con los datos.

3. Explica cómo se muestra el costo por hora en la tabla, la gráfica y la ecuación.

4. Explica cómo se representa el número 20 de la ecuación en la tabla y en la gráfica.

5. ¿Cuál de los siguientes puntos satisface la relación representada por la ecuación? (0, 4), (0, 20), (7, 55). Explica tu razonamiento.

A C A La tarea comienza en la página 76.

3.4 Calcular correctamente
Expresiones y orden de las operaciones

La ecuación $p = 50 + 10n$ representa la relación entre el precio de admisión p a Mundo Salvaje en dólares y el número de personas n de un grupo. El lado derecho de la ecuación $50 + 10n$ es una expresión algebraica. Representa el valor de la variable dependiente, p. Incluye dos operaciones: suma y multiplicación.

La pregunta crítica aquí es: "¿Qué operación se realiza primero?".

Theo quiere hallar el precio de admisión para un grupo de Paseos Ciclistas Océano con 17 miembros. Él trabaja primero de izquierda a derecha:

$$50 + 10 \times 17$$
$$= 60 \times 17$$
$$= 1{,}020$$

Él obtiene un número que parece demasiado grande.

Luego, Theo introduce la misma operación en su calculadora y obtiene:

$$50 + 10*17 = 220$$

Está confundido por la diferencia de resultados. Luego, recuerda que hay reglas para evaluar las expresiones.

- ¿Cuál es la respuesta correcta? ¿Por qué?

A continuación se presentan las reglas conocidas como el orden de las operaciones:

1. Trabaja dentro de los paréntesis.
2. Escribe los números que tienen exponentes en forma estándar.
3. Haz todas las multiplicaciones y divisiones en orden de izquierda a derecha.
4. Haz todas las sumas y restas en orden de izquierda a derecha.

Usa el orden de las operaciones con $7 + (6 \times 4 - 9) \div 3$.

$$7 + (6 \times 4 - 9) \div 3 = 7 + (24 - 9) \div 3$$
$$= 7 + (15) \div 3$$
$$= 7 + 5$$
$$= 12$$

Problema 3.4

Practica las reglas del orden de las operaciones en estos ejemplos.

A El precio de admisión en grupo a Mundo Salvaje está dado por la ecuación $p = 50 + 10n$. Halla los precios para grupos con 5, 11 y 23 miembros.

B La ecuación $b = 100 - 6j$ da el número de puntos restantes en una tarjeta de bono de Mundo Salvaje después de j juegos mecánicos. Halla los números de puntos que quedan después de 3, 7 y 14 juegos.

C Celia hace planes para el regreso en camioneta desde Williamsburg hasta Atlantic City. Ella planea una parada de 2 horas en Baltimore, Maryland. Para predecir el tiempo de viaje t a una velocidad media v, ella escribe la ecuación

$$t = 2 + \frac{350}{v}$$

Halla los tiempos de viaje pronosticados para velocidades medias de 45, 55 y 65 millas por hora.

D Sidney escribe dos ecuaciones: $I = 350n$ y $G = 150n + 1000$. Estas ecuaciones relacionan los ingresos I y los gastos de operación G con el número de clientes.

Sidney escribe también la ecuación $g = 350n - (150n + 1000)$ para mostrar cómo las ganancias del paseo dependen del número de clientes n. Usa la regla para hallar las ganancias g para 8, 12, 20 y 30 clientes.

E Los socios de Paseos Ciclistas Océano tienen un taller en Atlantic City con la forma de un cubo. La fórmula para hallar el área total de un cubo es $A = 6\ell^2$. La fórmula para hallar su volumen es $V = \ell^3$.

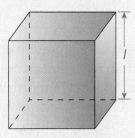

Área = $6\ell^2$
Volumen = ℓ^3

1. Si cada arista del taller cúbico mide 4.25 metros de longitud, ¿cuál es el área total de piso, paredes y techo?

2. ¿Cuál es el volumen del taller?

ACA La tarea comienza en la página 76.

Aplicaciones

1. a. Natasha cobra $12 por hora por cuidar niños en su vecindario. ¿Qué ecuación relaciona su paga con el número de horas que trabaja?

b. Los martes, una gasolinera ofrece 20 centavos de descuento sobre el precio normal por galón. ¿Qué ecuación relaciona el precio con descuento con el precio normal esos días?

c. Escribe una ecuación para mostrar cómo se relaciona el perímetro de un cuadrado con la longitud de un lado del cuadrado.

d. Una escuela intermedia quiere que sus estudiantes vean una película en un cine local. El costo total por la admisión al cine y la renta de la película es de $1,500. ¿Qué ecuación muestra cómo el costo por estudiante depende del número de estudiantes que asistan?

2. Celia escribe la ecuación $d = 8t$ para representar la distancia en millas d que los ciclistas podrían recorrer en t horas a una velocidad de 8 millas por hora. Haz una tabla que muestre la distancia recorrida cada media hora, hasta 5 horas, si los ciclistas viajaran a esta velocidad constante.

3. Un equipo femenino de básquetbol jugará el partido de campeonato del torneo estatal de Texas. Viajarán 560 millas, de El Paso a San Antonio. Su autobús viaja a una velocidad media de 60 millas por hora.

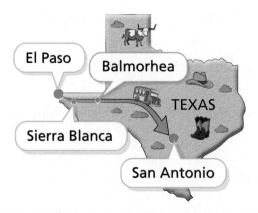

a. Supón que el autobús viaja a una velocidad casi constante durante todo el viaje. Haz una tabla y una gráfica de los datos de tiempo y distancia para ese autobús.

b. Haz una estimación de la distancia que el autobús recorre en 2 horas, en $2\frac{3}{4}$ horas, en $3\frac{1}{2}$ horas y en 7.25 horas.

c. Describe, con palabras y con una ecuación, una regla que puedas usar para calcular la distancia recorrida en cualquier tiempo dado en este autobús.

d. La ruta del autobús pasa por Sierra Blanca, que está a 90 millas de El Paso. Aproximadamente, ¿cuánto le toma al autobús llegar a Sierra Blanca?

e. La ruta del autobús también pasa por Balmorhea, que está a $\frac{1}{3}$ del camino entre El Paso y San Antonio. Aproximadamente, ¿cuánto le toma al autobús llegar a Balmorhea?

f. ¿Cuánto le toma al autobús completar su viaje de 560 millas a San Antonio?

g. Explica con palabras y con una ecuación cómo el tiempo t para el viaje de 560 millas depende de la velocidad media v.

h. Usa la regla del inciso (g) para calcular el tiempo de viaje si la velocidad media del autobús es de 50 millas por hora, 45 millas por hora y 70 millas por hora.

4. La ecuación $d = 70t$ representa la distancia en millas recorrida después de viajar a 70 millas por hora durante t horas.

    a. Haz una tabla que muestre la distancia recorrida cada media hora de 0 a 4 horas.

    b. Haz una gráfica de coordenadas que muestre la distancia recorrida entre 0 y 4 horas.

    c. ¿Cuál es el valor de d cuando $t = 2.5$ horas? Explica cómo hallaste la respuesta.

    d. ¿Cuál es el valor de t cuando $d = 210$ millas? Explica cómo hallaste la respuesta.

    e. Probablemente hiciste tu gráfica marcando puntos. En esta situación, ¿tendría sentido conectarlos?

5. La tabla muestra la relación entre el número de ciclistas de un paseo y el costo diario de proporcionar los paquetes de alimentos.

Costos de paquetes de alimentos del paseo ciclista

Número de ciclistas	1	2	3	4	5	6	7	8	9
Costo de alimentos	$4.25	$8.50	$12.75	$17.00	$21.25	$25.50	$29.75	$34.00	$38.25

    a. Explica con palabras y con una ecuación cómo el costo de los alimentos C depende del número de ciclistas n.

    b. Usa tu ecuación para hallar el costo de los alimentos para 25 ciclistas.

    c. ¿Cuántos ciclistas podrían comer por $89.25? Explica cómo hallaste tu respuesta.

En los Ejercicios 6 a 8, usa la ecuación para completar la tabla.

6. $y = 4x + 3$

x	1	2	5	10	20	▦
y	▦	▦	▦	▦	▦	203

7. $m = 100 - k$

k	1	2	5	10	20	▦
m	▦	▦	▦	▦	▦	50

8. $d = 3.5t$

t	1	2	5	10	20	▦
d	▦	▦	▦	▦	▦	140

9. Samuel planea comprar una nueva tableta de $315. La tienda le ofrece un plan de pagos sin intereses que le permite pagar mensualidades de $25.

a. ¿Cuánto deberá Samuel después de pagar una mensualidad? ¿Y después de dos mensualidades? ¿Y después de tres mensualidades?

b. Explica con palabras cómo la cantidad que se debe depende del número de mensualidades pagadas. Luego, escribe una ecuación para calcular la cantidad que se debe c para cualquier número de mensualidades n.

c. Usa tu ecuación para hacer una tabla y una gráfica que muestren la relación ente n y a.

d. Cuando n se incrementa en 1, ¿cómo cambia c? ¿Cómo se muestra este cambio en la tabla? ¿Cómo se muestra en la gráfica?

e. ¿Cuántas mensualidades tendrá que pagar Samuel en total? ¿Cómo se muestra esto en la tabla? ¿Cómo se muestra esto en la gráfica?

En los Ejercicios 10 a 13, expresa cada regla con una ecuación. Usa letras individuales para las variables. Identifica lo que representa cada letra.

10. El área de un rectángulo es su longitud multiplicada por su ancho.

11. El número de *hot dogs* necesarios para un picnic es de dos por estudiante.

12. La cantidad de tela necesaria para hacer cortinas es de 4 yardas cuadradas por ventana.

13. La tarifa de los taxis es de $2.00 más $1.10 por milla.

14. El impuesto sobre la venta en un estado es de 8%. Escribe una ecuación para la cantidad de impuesto *i* de un artículo que cuesta *d* dólares.

15. Las papas cuestan $0.25 por libra en el mercado. Escribe una ecuación para el costo *c* de *p* libras de papas.

16. Un plan familiar de telefonía celular cuesta $49 al mes más $0.05 por mensaje de texto. Escribe una ecuación para la factura mensual *f* cuando se envían *t* mensajes de texto.

En los Ejercicios 17 a 19, describe la relación entre las variables, tanto con palabras como con una ecuación.

17.

x	0	1	2	5	10	20
y	0	4	8	20	40	80

18.

s	0	1	2	3	6	12
t	50	49	48	47	44	38

19.

n	0	1	2	3	4	5
z	1	6	11	16	21	26

20. Opción múltiple ¿Qué ecuación describe la relación que muestra la tabla?

n	0	1	2	3	4	5	6
C	10	20	30	40	50	60	70

A. $C = 10n$

B. $C = 10 + n$

C. $C = 10$

D. $C = 10 + 10n$

21. Usa el orden de las operaciones para evaluar cada expresión algebraica cuando $n = 5$ y cuando $n = 10$.

a. $3n - 12$

b. $45 - 3n$

c. $7(4n + 2) - 8$

d. $3(n - 4)^2 + 9$

Conexiones

22. **a.** El perímetro P de un cuadrado está relacionado con la longitud de lado ℓ en la fórmula $P = 4\ell$.

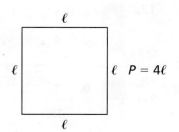

Haz una tabla que muestre cómo se incrementa el perímetro de un cuadrado a medida que la longitud del lado se incrementa de 1 a 6 en pasos de 1 unidad. Describe el patrón de cambio.

b. El área A de un cuadrado está relacionada con la longitud del lado en la fórmula $A = \ell^2$.

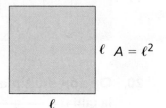

Agrega una fila a la tabla del inciso (a) para mostrar cómo se incrementa el área del cuadrado a medida que la longitud del lado aumenta. Describe el patrón de cambio.

En los Ejercicios 23 a 25, halla el valor o los valores indicados.

23. El décimo número impar (1 es el primer número impar, 3 es el segundo y así sucesivamente).

24. El área de un triángulo con una base de 10 centímetros y una altura de 15 centímetros.

25. $3^3 \times 5^2 \times 7$

En los Ejercicios 26 a 30, escribe una fórmula para la cantidad dada.

26. El área A de un rectángulo con longitud ℓ y ancho a.

27. El área A de un paralelogramo con base b y altura h.

28. El perímetro P de un rectángulo con base b y altura h.

29. El enésimo número impar, I (1 es el primer número impar, 3 es el segundo y así sucesivamente).

30. El área A de un triángulo con base b y altura h.

En los Ejercicios 31 y 32, copia y completa la tabla de valores para la ecuación dada.

31.   **a.** $y = x + \frac{1}{2}$

x	$\frac{1}{5}$	$\frac{1}{4}$	$\frac{1}{3}$	$\frac{2}{5}$	$\frac{1}{2}$	$\frac{2}{3}$	$\frac{3}{4}$	5
y	■	■	■	■	■	■	■	■

     b. $y = x - \frac{1}{2}$

x	$\frac{1}{2}$	$\frac{2}{3}$	$\frac{3}{4}$	1	$1\frac{1}{2}$	2	3	4
y	■	■	■	■	■	■	■	■

32.   **a.** $y = \frac{1}{2}x$

x	$\frac{1}{5}$	$\frac{1}{4}$	$\frac{1}{3}$	$\frac{2}{5}$	$\frac{1}{2}$	$\frac{2}{3}$	$\frac{3}{4}$	5
y	■	■	■	■	■	■	■	■

     b. $y = \frac{1}{2} \div x$

x	$\frac{1}{5}$	$\frac{1}{4}$	$\frac{1}{3}$	$\frac{2}{5}$	$\frac{1}{2}$	$\frac{2}{3}$	$\frac{3}{4}$	5
y	■	■	■	■	■	■	■	■

En los Ejercicios 33 a 35, describe con palabras la relación entre x y y.

33.

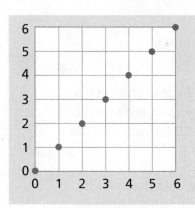

34.

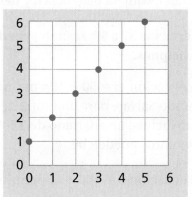

35.

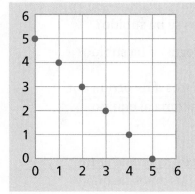

Ampliaciones

36. Puedes calcular la velocidad media de un viaje en carro si conoces la distancia recorrida y el tiempo del viaje.

   a. Copia y completa la siguiente tabla.

Viajes en carro

Distancia (mi)	Tiempo (h)	Velocidad media (mi/h)
145	2	■
110	2	■
165	2.5	■
300	5.25	■
446	6.75	■
528	8	■

   b. Escribe una fórmula para calcular la velocidad media v para cualesquiera distancia d y tiempo t dados.

En los Ejercicios 37 a 40, resuelve mediante estimaciones y comprobaciones.

37. La ecuación $p = 50 + 10n$ permite hallar el precio de admisión p a Mundo Salvaje para un grupo de n personas. El presupuesto de un club incluye un apartado de $500 para una visita al parque. ¿Cuántos miembros pueden ir?

38. La ecuación $b = 100 - 6j$ permite hallar el número de puntos de bono b restantes en una tarjeta de bono de Mundo Salvaje después de j juegos mecánicos.

   a. A Rosi le quedan 34 puntos. ¿A cuántos juegos se ha subido?

   b. A Dwight le quedan 16 puntos. ¿A cuántos juegos se ha subido?

39. La ecuación $d = 2.5t$ describe la distancia en metros d recorrida por un equipo de canotaje en t segundos. ¿Cuánto le toma al equipo recorrer 125 metros? ¿Y 400 metros?

40. La ecuación $d = 400 - 2.5t$ describe la distancia en metros d entre un equipo de canotaje y la línea de meta t segundos antes de que comience la carrera. ¿Cuándo estará el equipo a 175 metros de la línea de meta? ¿Y a 100 metros de la línea de meta?

41. Armando construye modelos con varillas. Cuando construye puentes, hace los lados usando patrones de triángulos como los que se muestran a continuación. El número total de varillas depende del número de varillas en la parte inferior.

Varillas en la parte inferior = 3

Número total de varillas = 11

Varillas en la parte inferior = 4

Número total de varillas = 15

a. Copia y completa la tabla.

Puentes de varillas

Varillas en la parte inferior	1	2	3	4	5	6	7	8	9	10
Número total de varillas	3	7	11	▨	▨	▨	▨	▨	▨	▨

b. Escribe una ecuación que relacione el número total de varillas t con el número de varillas en la parte inferior i. Explica cómo se relaciona la fórmula que escribas con la manera en que Armando junta las varillas.

c. Para el siguiente diseño, haz una tabla y escribe una ecuación que relacione el número total de varillas t con el número de varillas en la parte inferior i.

42. Los socios de Paseos Ciclistas Océano decidieron incluir una visita al Parque de diversiones Mundo Salvaje como parte del paseo. Estos son los factores de costo e ingresos:

TENEMOS INGRESOS DE $350 POR PERSONA.

Lista de costos:

- $30 por persona por alquiler de bicicleta
- $125 por persona por alimentos y sitios para acampar
- $700 por alquiler de camioneta
- $50, más $10 por persona por admisión a Mundo Salvaje
- $25 por persona por autobuses para regresar a los ciclistas de Williamsburg a Atlantic City

a. Combinando todos esos factores, ¿qué ecuación relaciona las ganancias esperadas del paseo *g* con el número de usuarios *n* que lo toman?

b. ¿Para qué número de clientes un grupo de paseo producirá ganancias mayores a $500?

En esta Investigación, escribiste ecuaciones algebraicas para expresar relaciones entre variables. Analizaste las relaciones usando tablas y gráficas. También relacionaste las tablas y las gráficas con las ecuaciones que escribiste. Estas preguntas te ayudarán a resumir lo que has aprendido.

Piensa en tus respuestas a estas preguntas. Comenta tus ideas con otros estudiantes y con tu maestro. Luego, escribe un resumen en tu cuaderno.

1. ¿Qué estrategias te ayudan a hallar ecuaciones con la finalidad de expresar relaciones?

2. Para relaciones dadas por ecuaciones en la forma $y = mx$:

   a. ¿Cómo cambia el valor de y a medida que el valor de x se incrementa?

   b. ¿Cómo se muestra el patrón de cambio en una tabla, una gráfica y una ecuación de la función?

3. a. En esta Unidad has representado relaciones entre variables con tablas, gráficas y ecuaciones. Menciona algunas ventajas y desventajas de cada una de esas representaciones.

   b. Si el valor de una variable de una relación es conocido, describe cómo puedes usar una tabla, gráfica o ecuación para hallar un valor de la otra variable.

Estándares comunes de prácticas matemáticas

Al trabajar en los problemas de esta Investigación, usaste conocimientos previos para encontrarles sentido. También aplicaste prácticas matemáticas para resolverlos. Piensa en el trabajo que hiciste, las maneras en que pensaste acerca de los problemas y cómo usaste las prácticas matemáticas.

Tori describió sus reflexiones de la siguiente manera:

Buscamos patrones entre las gráficas y ecuaciones del Problema 3.1.

Observamos algo acerca de las gráficas para las ecuaciones de la forma $y = mx$. Todas contenían el punto $(1, m)$. Kelly dijo que m también es la tasa por unidad.

....

Estándares estatales comunes para prácticas matemáticas (PM)

PM8 Buscar y expresar uniformidad en los razonamientos repetidos.

- ¿Qué otras prácticas matemáticas puedes identificar en el razonamiento de Tori?

- Describe una práctica matemática que tus compañeros de clase y tú usaron para resolver un problema diferente de esta Investigación.

Investigación 4

Expresiones, ecuaciones y desigualdades

Al trabajar en la Investigación 3, desarrollaste tu destreza para escribir expresiones para relaciones entre variables independientes y dependientes. Los Problemas de esta Investigación tienen que ver con tres preguntas más acerca de tales relaciones entre variables:

¿Cómo puedes usar las relaciones entre variables para escribir y resolver ecuaciones?

¿Cómo puedes escribir expresiones algebraicas en formas equivalentes?

¿Cómo puedes demostrar que dos expresiones son equivalentes?

Las respuestas a esas preguntas son ideas clave del álgebra.

....

Estándares estatales comunes

6.EE.A.3 Aplicar las propiedades de las operaciones para generar expresiones equivalentes.

6.EE.B.5 Entender la resolución de una ecuación o desigualdad como un proceso de responder a una pregunta: ¿qué valores de un conjunto específico, si los hay, hacen verdadera la ecuación o desigualdad? Usar la sustitución para determinar si un número dado en un conjunto específico hace verdadera una ecuación o desigualdad.

6.EE.B.7 Resolver problemas matemáticos y de la vida diaria escribiendo y resolviendo ecuaciones de la forma $x + p = q$ y $px = q$ para casos en los que p, q y x sean números racionales no negativos.

6.EE.B.8 Escribir una desigualdad de la forma $x > c$ o $x < c$ para representar una restricción o condición en un problema matemático o de la vida diaria. Reconocer que las desigualdades de la forma $x > c$ o $x < c$ tienen un número infinito de soluciones; representar las soluciones de estas desigualdades en diagramas de recta numérica.

También 6.RP.A.3a, 6.RP.A.3b, 6.EE.A.2, 6.EE.A.2a, 6.EE.A.2b, 6.EE.A.2c, 6.EE.A.4, 6.EE.B.6, 6.EE.C.9

4.1 Salto extremo
Expresiones equivalentes I

Uno de los juegos mecánicos más populares de Mundo Salvaje es el Salto Extremo. Un carro eleva a los pasajeros a 250 pies de altura. Entonces el carro se suelta y cae rápidamente. Alcanza una velocidad cercana a las 50 millas por hora.

Los asientos de los pasajeros están alrededor de una torre parecida a una pila de cubos hechos con piezas de acero. Cada cara de la torre del Salto Extremo parece una escalera de cuadrados.

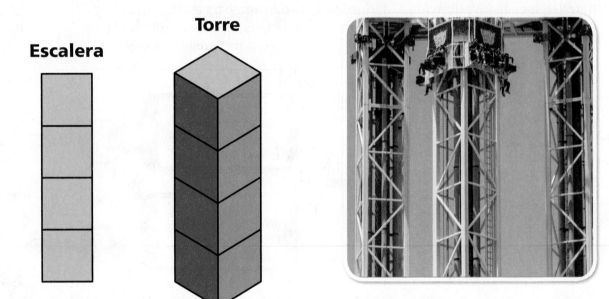

- ¿Cuántas piezas de acero necesitas para construir cada una de esas figuras?

Supón que estuvieras construyendo una torre para un juego mecánico similar.

- ¿Cuántas piezas de acero necesitarías para hacer una escalera de *n* cuadrados?
- ¿Cuántas piezas necesitarías para construir una torre de *n* cubos?

Mientras trabajas en estas preguntas, te podría ser útil hacer algunos modelos de escaleras con palillos.

Problema 4.1

A **1.** Observa la escalera de cuadrados. ¿Qué números irían en la segunda fila de esta tabla?

Número de cuadrados	1	2	3	4	5	10	20
Número de piezas	4	■	■	■	■	■	■

2. Escribe una ecuación que muestre cómo hallar el número de piezas *P* necesarias para hacer una escalera de *n* cuadrados.

B **1.** Observa la torre de cubos. ¿Qué números irían en la segunda fila de una tabla que muestra las piezas de acero necesarias para hacer una torre de *n* cubos?

Número de cubos	1	2	3	4	5	10	20
Número de piezas	12	■	■	■	■	■	■

2. Escribe una ecuación que muestre cómo hallar el número de piezas de acero en una torre de *n* cubos.

A C A La tarea comienza en la página 100.

4.2 Más de una manera de decirlo

Expresiones equivalentes II

Un grupo de estudiantes trabajaron en el problema de la escalera. Cuatro de ellos hicieron ecuaciones que relacionan el número de piezas de acero P con el número de cuadrados n.

> Tabitha: $P = n + n + n + 1$ Chaska: $P = 1 + 3n$
>
> Latrell: $P = 4n$ Eva: $P = 4 + 3(n - 1)$

Recuerda que los grupos de símbolos matemáticos tales como $n + n + n + 1$, $1 + 3n$, $4n$ y $4 + 3(n - 1)$ se conocen como *expresiones algebraicas*. Cada expresión representa el valor de una variable dependiente P. Cuando dos expresiones dan los mismos resultados para cada valor de la variable, se conocen como **expresiones equivalentes.**

 ¿Qué expresiones para P son equivalentes?
Explica por qué.

Problema 4.2

A 1. ¿Qué reflexión pudo haber llevado a los estudiantes a sus ideas?

2. ¿Predicen las cuatro ecuaciones los mismos números de piezas de acero para escaleras de cualquier altura n? Comprueba tus ideas comparando valores de P cuando $n = 1, 5, 10$ y 20.

3. ¿Cuáles de las expresiones para el número de piezas de acero en una escalera de n cuadrados son equivalentes? Explica por qué.

4. ¿Es alguna de las expresiones equivalente a la que hiciste para el Problema 4.1? ¿Cómo puedes asegurarlo?

B 1. Piensa en la construcción de una torre de cubos. Escribe dos expresiones más que sean equivalentes a la expresión que escribiste en el inciso (2) de la Pregunta B del Problema 4.1. Explica por qué son equivalentes.

 2. Escoge dos expresiones equivalentes del inciso (1). Úsalas para generar una tabla y una gráfica para cada una. Compara las tablas y las gráficas.

 La tarea comienza en la página 100.

4.3 Reunir todas las piezas
Expresiones equivalentes III

En una expresión como $1 + 3n$, el 1 y el $3n$ se conocen como **términos** de la expresión. En la expresión $4 + 3(n - 1)$ hay dos términos, 4 y $3(n - 1)$. Observa que la expresión $(n - 1)$ es tanto un factor del término $3(n - 1)$ como la diferencia de dos términos. El 3 es el **coeficiente** de n en la expresión $1 + 3n$.

La propiedad distributiva ayuda a mostrar que dos expresiones son equivalentes. Establece que para cualesquiera que sean los números a, b y c es verdadero lo siguiente:

$$a(b + c) = ab + ac$$

Esto significa que:

- Un número puede expresarse tanto como un producto como una suma.

- El área de un rectángulo puede hallarse de dos maneras.

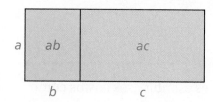

La expresión $a(b + c)$ está en *forma factorizada*.

La expresión $a(b) + a(c)$ está en *forma desarrollada*.

Las expresiones $a(b + c)$ y $ab + ac$ son *expresiones equivalentes*.

- Usa la propiedad distributiva para escribir una expresión equivalente a $5x + 6x$.

- ¿Cómo te ayuda eso a escribir una expresión equivalente para $n + n + n + 1$?

Con sus planes casi terminados, los socios de Paseos Ciclistas Océano han hecho ya una lista de los costos de operación.

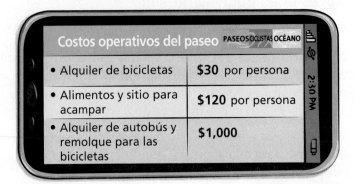

Costos operativos del paseo	PASEOS CICLISTAS OCÉANO
• Alquiler de bicicletas	**$30** por persona
• Alimentos y sitio para acampar	**$120** por persona
• Alquiler de autobús y remolque para las bicicletas	**$1,000**

- ¿Qué ecuación puede representar los costos totales?

- ¿Hay más de una ecuación posible? Explícalo

Problema 4.3

El siguiente paso en la planeación es escribir esos costos como expresiones algebraicas.

A ¿Qué ecuaciones muestran la forma en que las tres variables de costo dependen del número de ciclistas n?

1. alquiler de bicicletas $B = \blacksquare$

2. alimentos y sitio para acampar $A = \blacksquare$

3. alquiler de autobús y remolque $R = \blacksquare$

B Tres de los socios escriben ecuaciones que relacionan el costo total del paseo C con el número de participantes n:

> Ecuación de Celia: $C = 30n + 120n + 1000$
>
> Ecuación de Theo: $C = 150n + 1000$
>
> Ecuación de Liz: $C = 1150n$

1. a. ¿Son correctas todas o algunas de estas ecuaciones? Si es así, ¿son equivalentes? Explica por qué.

b. Para las ecuaciones que sean correctas, explica la información que representa en la ecuación cada término y coeficiente.

Problema **4.3** continuación

2. Compara las ecuaciones. Usa los lineamientos del orden de las operaciones para completar la siguiente tabla de valores de muestra (n, C). ¿Qué sugiere la tabla acerca de qué expresiones para C son equivalentes?

Costos de operación relacionados con el número de clientes

Número de clientes n	5	10	15	20	25
$C = 30n + 120n + 1000$	■	■	■	■	■
$C = 150n + 1000$	■	■	■	■	■
$C = 1150n$	■	■	■	■	■

3. ¿Qué resultados esperarías si fueras a graficar las tres ecuaciones siguientes?

$$C = 30n + 120n + 1000$$

$$C = 150n + 1000$$

$$C = 1150n$$

Comprueba tus ideas graficando.

4. Usa las propiedades de las operaciones, como la propiedad distributiva, para demostrar qué expresiones para el costo son equivalentes.

C **1.** Para cada expresión siguiente menciona los términos y el coeficiente de cada término.

a. $5x + x + 6$ **b.** $10q - 2q$

2. Usa las propiedades de las operaciones para escribir una expresión equivalente para cada una de las expresiones anteriores.

3. Demuestra que $1 + 3n = 4 + 3(n - 1)$.

D Sidney señala que los tres socios olvidaron el costo de la visita al Parque de diversiones Mundo Salvaje. El costo por esa parte del paseo es $M = 50 + 10n$. ¿Cómo modifica este factor de costo cada una de las ecuaciones correctas?

 La tarea comienza en la página 100.

4.4 Hallar el valor desconocido
Resolver ecuaciones

Los socios de Paseos Ciclistas Océano deciden cobrar $350 por ciclista. Esto los lleva a una ecuación que da los ingresos I del paseo para n participantes: $I = 350n$. Puedes usar la ecuación para hallar los ingresos por 10 ciclistas.

$$I = 350n$$

$$I = 350 \times 10$$

$$I = 3,500$$

Supón que se te pide hallar el número de ciclistas necesarios para llegar a $4,200, la meta de ingresos por el paseo. En trabajos anteriores, usaste tablas y gráficas para estimar respuestas. También puedes usar la ecuación: $4,200 = 350n$.

Resolver la ecuación significa hallar valores de n que hagan a la ecuación $4,200 = 350n$ un enunciado verdadero. Cualquier valor de n que funcione se conoce como **solución de la ecuación.**

Una manera de resolver ecuaciones es pensar acerca de las familias de operaciones que relacionan operaciones aritméticas. Algunos ejemplos:

$$5 + 7 = 12$$
$$5 = 12 - 7$$

Ambas ecuaciones describen relaciones verdaderas entre 5, 7 y 12.

$$5(7) = 35$$
$$5 = 35 \div 7$$

Ambas ecuaciones describen relaciones verdaderas entre 5, 7 y 35.

- ¿Cómo ayudan las familias de operaciones a resolver ecuaciones como $c = 350n$?

Cuando hallas la solución de una ecuación, siempre es buena idea comprobar tu trabajo.

¿Es $n = 12$ una solución para $4,200 = 35n$?

Sustituye n por 12: $4,200 = 35(12)$.

¿Es un enunciado verdadero?

Multiplicar 35 por 12 es igual a 4,200.

Sí, 12 es la solución.

Problema 4.4

A Las admisiones individuales al Parque de diversiones Mundo Salvaje cuestan $21. Si el parque vende n admisiones individuales en un día, sus ingresos son de $I = 21n$.

1. Escribe una ecuación para responder a esta pregunta: ¿Cuántas admisiones individuales se vendieron durante un día en que el parque obtuvo ingresos de $9,450 solo de admisiones individuales?

2. Resuelve la ecuación. Explica cómo hallaste la respuesta.

3. ¿Cómo puedes comprobar tu respuesta?

B En el recorrido de prueba de Paseos Ciclistas Océano, Sidney detuvo la camioneta en una gasolinera. La gasolinera anunciaba un descuento de 25 centavos por galón los martes.

1. Escribe una ecuación para el precio con descuento d de los martes. Usa p como el precio de los otros días.

2. Usa la ecuación para hallar el precio de los días distintos al martes, si el precio con descuento es de $2.79.

C Paseos Ciclistas Océano quiere proporcionar pañoletas a los participantes. Su costo es de $95.50 por el diseño, más $1 por pañoleta.

1. Escribe una ecuación que represente esta relación.

2. Usa la ecuación para hallar el costo de 50 pañoletas.

3. Usa la ecuación para hallar el número de pañoletas si el costo total es de $116.50.

En las Preguntas A a C, escribiste y resolviste ecuaciones relacionadas con el paseo ciclista. Conocer la situación del problema a menudo es útil para escribir y resolver las ecuaciones. Pero los métodos que usas en esos casos se pueden aplicar a otras ecuaciones sin cuentos que te ayuden a razonar.

D Usa las ideas que has aprendido acerca de resolver ecuaciones para resolver las ecuaciones siguientes. Muestra tus cálculos. Comprueba cada solución en la ecuación.

1. $x + 22.5 = 49.25$

2. $37.2 = n - 12$

3. $55t = 176$

 La tarea comienza en la página 100.

4.5 No siempre es igual
Resolver desigualdades

En cada parte del Problema 4.4 escribiste y resolviste una ecuación acerca de Paseos Ciclistas Océano. Por ejemplo, escribiste la ecuación $21I = C$. Luego, se te dijo que los ingresos eran \$9,450. Resolviste la ecuación $21I = 9,450$ para hallar el número de ciclistas. La solución era $I = 450$.

Supón que se te hiciera una pregunta relacionada: ¿Cuántas ventas de admisiones individuales producirían ingresos de más de \$9,450?

Para responder a esta pregunta necesitas resolver la desigualdad $21I > 9,450$. Es decir, necesitas hallar valores de la variable I que hagan verdadera la desigualdad dada. Esta tarea es muy similar a lo que hiciste al comparar los planes de alquiler de las dos tiendas de bicicletas del Problema 2.1.

Si $21I = 9,450$, entonces $I = 450$. Por tanto, cualquier número $I > 450$ es una solución para la desigualdad $21I > 9,450$. Una gráfica de esas soluciones sobre una recta numérica es:

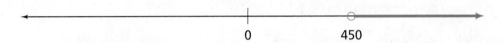

En general, la solución a una desigualdad simple se puede escribir en la forma $x > c$ o $x < c$. Esas soluciones se pueden graficar sobre una recta numérica. A continuación hay dos ejemplos.

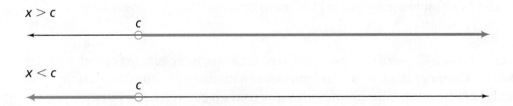

- ¿Qué te dice la parte más gruesa de cada recta numérica con respecto a las soluciones de la desigualdad?

Problema 4.5

Usa lo que sabes acerca de variables, expresiones y ecuaciones para escribir y resolver desigualdades que coincidan con las Preguntas A a C. En cada caso, haz lo siguiente.

- Escribe una desigualdad que te ayude a responder a la pregunta.

- Proporciona por lo menos 3 soluciones numéricas específicas para la desigualdad. Luego, explica por qué funcionan.

- Describe todas las soluciones posibles.

A El salto bungee en Mundo Salvaje cuesta $35. ¿Cuántos saltadores se requieren para que el juego proporcione ingresos de más de $1,050 al día?

B El letrero de una gasolinera indica que la gasolina normal sin plomo cuesta $4 por galón. ¿Cuánta gasolina puede comprar Mike si tiene $17.50 en el bolsillo?

C Paseos Ciclistas Océano quiere dar una pañoleta a cada cliente. Los costos son de $95.50 por el diseño más $1 por pañoleta. ¿Cuántas pañoletas pueden comprar si quieren que el costo sea menor a $400?

D Usa ideas para resolver las ecuaciones y desigualdades de las Preguntas A, B y C para resolver las desigualdades siguientes.

    1. $84 < 14m$

    2. $55t > 176$

    3. $x + 22.5 < 49.25$

    4. $37.2 > n - 12$

E Dibuja rectas numéricas para graficar las soluciones de todas las desigualdades de la Pregunta D.

F **1.** Inventa un problema que se pueda representar con la ecuación $y = 50 + 4x$.

    2. ¿Cuál de los siguientes puntos están en la gráfica de la ecuación? (8, 92), (15, 110)

    3. Usa un punto que esté en la gráfica para inventar una pregunta que el punto pueda resolver.

    4. Usa un punto que esté en la gráfica para escribir una desigualdad que satisfaga el punto.

 La tarea comienza en la página 100.

Aplicaciones

En los Ejercicios 1 a 3, usa los patrones de palillos creados por Scott, Ahna y Lloyd.

1. Patrón de Scott.

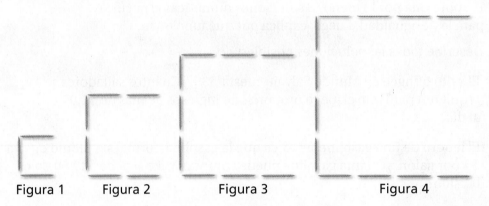

Figura 1   Figura 2   Figura 3   Figura 4

a. Observa la tabla que compara el número de la figura con el número de palillos. ¿Qué números van en la segunda fila?

Número de figura	4	5	6	7	8	10	20
Número de palillos	12	▪	▪	▪	▪	▪	▪

b. ¿Qué ecuación muestra cómo hallar el número de palillos necesarios para la figura número n?

c. ¿Hay una ecuación distinta que puedas escribir para el inciso (b)?

2. Patrón de Ahna.

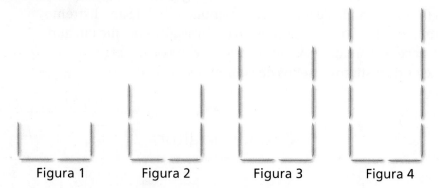

Figura 1   Figura 2   Figura 3   Figura 4

a. ¿Qué números van en la segunda fila de la tabla que compara el número de figura con el número de palillos?

Número de figura	4	5	6	7	8	10	20
Número de palillos	10	■	■	■	■	■	■

b. ¿Qué ecuación muestra cómo hallar el número de palillos necesarios para la figura número n?

c. ¿En qué son similares o diferentes los patrones de Ahna y Scott?

3. Patrón de Lloyd.

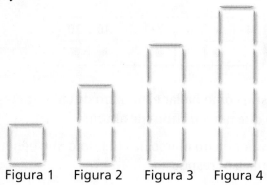

Figura 1   Figura 2   Figura 3   Figura 4

a. ¿Qué números van en la segunda fila de la tabla que compara el número de figura con el número de palillos?

Número de figura	4	5	6	7	8	10	20
Número de palillos	10	■	■	■	■	■	■

b. ¿Qué ecuación muestra cómo hallar el número de palillos necesarios para la figura número n?

c. ¿En qué son similares o diferentes los patrones de Lloyd y Ahna?

4. Mundo Salvaje está diseñando un columpio gigante con una estructura construida de manera muy similar a la del Salto Extremo del Problema 4.1. Los diseñadores no están seguros de qué tan alto deben hacer el columpio. A continuación se presentan algunos bosquejos de distintos diseños de columpios.

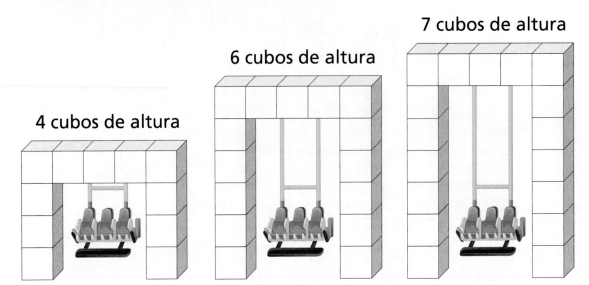

7 cubos de altura

6 cubos de altura

4 cubos de altura

a. ¿Qué números van en la segunda fila de una tabla que compara la altura con el número total de cubos?

Altura (cuadrados)	4	5	6	7	8	10	20
Número de cubos	11	■	■	■	■	■	■

b. ¿Qué ecuación muestra cómo hallar el número de cubos para el marco del columpio que tiene n cubos de altura?

c. ¿Podrías calcular el valor de un marco de columpio que tiene 1 cubo de altura? Explica tu respuesta.

d. Explica cómo luciría un marco de 50 cubos de altura. ¿En qué se parecería y en qué se diferenciaría de los marcos de columpios mostrados anteriormente? ¿Cómo podrías usar esta descripción para calcular el número total de cubos en él?

5. Mitch, Lewis y Corky comentaban las ecuaciones que hicieron para el Ejercicio 4. Llamaron T a la altura y c al número de cubos.

Razonamiento de Mitch: La parte superior del marco del columpio tiene 5 cubos y entonces hay $T - 1$ cubos debajo de ella. El número total de cubos necesarios es $c = 5 + (T - 1) + (T - 1)$.

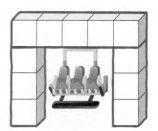

Razonamiento de Lewis: Cuando veo el dibujo, pienso en dos L invertidas con una pieza entre ellas. Mi ecuación para el número de cubos es $c = 2(T + 1) + 1$.

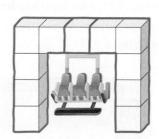

Razonamiento de Corky: En el lado izquierdo veo una sola torre y en el lado derecho veo una torre con tres cubos extra. Mi ecuación es $c = T + (T + 3)$.

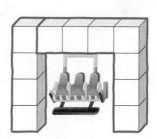

a. Crea una tabla para las tres ecuaciones.

b. ¿Cuáles de las expresiones son equivalentes? Explica tu respuesta.

c. Escribe una nueva expresión que sea equivalente a las que son equivalentes en el inciso (b).

6. Los estudiantes crearon algunas expresiones muy interesantes para el Problema 4.2. No estaban seguros de si eran equivalentes a las de Chaska, Tabitha y Eva. Determina si cada una de las ecuaciones siguientes es equivalente a las demás.

   a. La ecuación de Martha: $B = 2n + 2 + (n - 1)$

   b. La ecuación de Chad: $B = 3(n + 1) - 2$

   c. La ecuación de Jeremiah: $B = 4n - (n - 1)$

   d. La ecuación de Lara: $B = 3 + 1n$

Los socios de Paseos Ciclistas Océano decidieron ofrecer un paseo de dos días desde Filadelfia, Pensylvania, a Atlantic City, Nueva Jersey, y de regreso. Hicieron algunas investigaciones y hallaron los costos siguientes para el viaje. En los Ejercicios 7 y 8, usa la información que se muestra abajo.

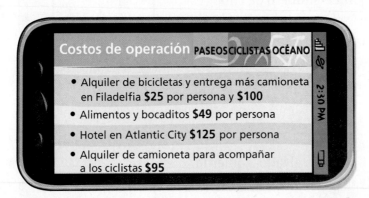

Costos de operación PASEOS CICLISTAS OCÉANO
- Alquiler de bicicletas y entrega más camioneta en Filadelfia **$25** por persona y **$100**
- Alimentos y bocaditos **$49** por persona
- Hotel en Atlantic City **$125** por persona
- Alquiler de camioneta para acompañar a los ciclistas **$95**

7. Escribe ecuaciones que muestren cómo esas variables de costo dependen del número n de clientes para los paseos de dos días.

   a. alquiler de bicicletas B

   b. alimentos y bocaditos A

   c. habitaciones de hotel H

   d. alquiler de la camioneta de apoyo C

8. a. Escribe una regla que muestre cómo el costo de operación O depende del número de ciclistas n. La regla debe mostrar cómo cada variable de costo se suma al total.

   b. Escribe otra regla para hallar el costo total de operación O. Esta regla debe ser tan simple como sea posible para calcular el costo total.

   c. Proporciona evidencia de que tus dos expresiones para el costo total de operación son equivalentes.

Los organizadores de una liga juvenil de futbol quieren dar a cada jugador una camiseta y una gorra especiales. Los costos se muestran a continuación.

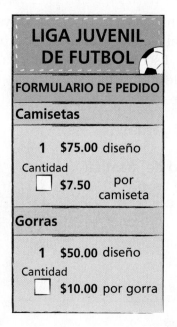

LIGA JUVENIL DE FUTBOL

FORMULARIO DE PEDIDO

Camisetas

1    $75.00 diseño

Cantidad

☐ $7.50   por camiseta

Gorras

1    $50.00 diseño

Cantidad

☐ $10.00 por gorra

9. Muestra cómo el costo de cada una de las variables siguientes depende del número n de jugadores en el torneo.

   a. camisetas C

   b. gorras G

10. **a.** Escribe una ecuación que muestre como el costo total T de proporcionar camisetas y gorras depende del número de jugadores del torneo n. La ecuación debe mostrar cómo cada variable de costo individual se agrega al total.

    b. Escribe una segunda ecuación para T. La segunda ecuación debe ser tan simple como sea posible.

    c. Proporciona evidencia que muestre que tus dos expresiones para el costo total son equivalentes.

11. Se te da la expresión $350n - 30n + 350 - (50 + 10n)$.

    a. ¿Cuáles son los términos de la expresión?

    b. ¿Qué números son coeficientes en la expresión?

    c. Explica cómo se usan las palabras *términos* y *coeficiente* para hablar acerca de la expresión algebraica.

12. El propietario de unas caballerizas tiene 500 yardas de vallado para encerrar un pastizal rectangular. Un lado del pastizal debe tener 150 yardas de longitud. Escribe y resuelve una ecuación que permita hallar la longitud del otro lado.

Un equipo de beisbol quería alquilar un pequeño autobús para viajar a un torneo. Autobuses Superiores cobra $2.95 por milla recorrida. Transportes Costa cobra $300 más $2 por milla. En los Ejercicios 13 a 16, usa esos datos.

13. Para cada compañía, muestra cómo el costo de alquiler C depende del número de millas recorridas m.

14. El alquiler de un autobús con Autobuses Superiores fue $590.

- Escribe y resuelve una ecuación para hallar la distancia recorrida.

- Comprueba tu solución sustituyendo en la ecuación la variable m por su valor.

- Explica cómo hallaste la solución.

15. El alquiler de un autobús con Transportes Costa fue $600.

- Escribe y resuelve una ecuación para hallar la distancia recorrida.

- Comprueba tu solución sustituyendo en la ecuación la variable m por su valor.

- Explica cómo hallaste la solución.

16. El equipo quería saber qué oferta de compañía de autobuses proporcionaba más valor. Usa la tabla y gráfica siguientes para responder a sus preguntas.

Millas	Autobuses Superiores	Transportes Costa
100	295	500
200	590	700
300	885	900
400	1180	1100
500	1475	1300

Comparación de costos de autobús

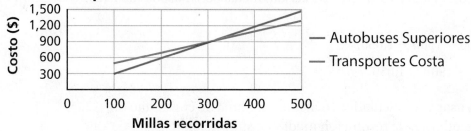

— Autobuses Superiores

— Transportes Costa

Hay varias maneras de estimar soluciones para ecuaciones.

El método más simple a menudo se conoce como **suponer y comprobar.** Este incluye tres pasos básicos.

- Hacer una suposición de la solución.

- Comprobar si esa suposición permite resolver la ecuación.

- Si no lo hace, reformular la suposición y comprobar nuevamente.

a. Las dos compañías de alquiler cobran la misma cantidad por una cierta distancia. Escribe una ecuación para hallar esa distancia. Luego, resuelve la ecuación mediante suposición y comprobación. (Te ayudarán la tabla y la gráfica).

b. ¿Para qué número de millas el cobro de Autobuses Superiores será menor que el de Transportes Costa?

c. ¿Para qué número de millas el cobro de Transportes Costa será menor que el de Autobuses Superiores?

Los socios de Paseos Ciclistas Océano decidieron cobrar $350 por ciclista. Esto les llevó a una relación que daba ganancias por el paseo como $G = 190n - 1{,}050$. Para 20 ciclistas, las ganancias serán $190(20) - 1{,}050 = 2{,}750$.

Los socios quieren hallar el número de ciclistas necesarios para llegar a ganancias de $3,700. Tienen que resolver $3{,}700 = 190n - 1{,}050$. Eso incluye hallar un valor de n que haga a $3{,}700 = 190n - 1{,}050$ un enunciado verdadero.

En los Ejercicios 17 a 20, usa la siguiente información.

17. Usa el método de suponer y comprobar para resolver estas ecuaciones. En cada caso escribe un enunciado que explique lo que la solución indica acerca de las ganancias para Paseos Ciclistas Océano.

   a. $3{,}700 = 190n - 1{,}050$.

   b. $550 = 190n - 1{,}050$

18. Puedes usar una calculadora o algún programa de computación como ayuda para la resolución mediante suposición y comprobación. Por ejemplo, a continuación hay una tabla de valores para $G = 190n - 1050$.

Ganancias relacionadas con el número de clientes

Número de clientes	5	10	15	20	25	30
Ganancias ($)	−100	850	1,800	2,750	3,700	4,650

   a. ¿Qué dicen las entradas de la tabla acerca de las soluciones para la ecuación $1{,}230 = 190n - 1{,}050$?

   b. Usa la tabla y la estrategia de suponer y comprobar para resolver la ecuación.

   c. Usa una tabla como ayuda para resolver esas ecuaciones. En cada caso, escribe un enunciado que explique lo que la solución indica acerca de las ganancias para Paseos Ciclistas Océano.

   i. $2{,}560 = 190n - 1{,}050$ **ii.** $5{,}030 = 190n - 1{,}050$

19. Otra versión de la estrategia de suponer y comprobar usa gráficas para representar la relación de las ganancias.

a. Examina la gráfica siguiente para estimar el valor de n que sea una solución para la ecuación $2{,}000 = 190n - 1{,}050$. Luego, comprueba si tu estimación es correcta (o está cerca de ser correcta).

Prospectos de ganancias por el paseo ciclista

b. Usa la representación gráfica para resolver estas ecuaciones. En cada caso, haz una gráfica y rotula los puntos con coordenadas que muestren la solución.

i. $45 = 5x + 10$ **ii.** $60 = 100 - 2.5x$

20. Los socios de Paseos Ciclistas Océano esperan que sus ganancias G dependan del número n de ciclistas, de acuerdo con la relación $G = 190n - 1{,}050$.

a. Usa la relación para escribir una ecuación para el número de ciclistas necesarios para generar ganancias de $2,180. Luego, resuelve la ecuación.

b. ¿Qué operaciones aritméticas dan la solución?

Conexiones

En los Ejercicios 21 a 24, usa el patrón de cada tabla para hallar las entradas faltantes. Luego, escribe una ecuación que relacione ambas variables.

21.

a	0	1	2	3	▦	8	20	100
b	0	7	14	21	28	▦	▦	▦

22.

x	0	1	2	3	4	8	20	100
y	6	7	8	9	▦	▦	▦	▦

23.

m	0	1	2	3	4	8	20	100
n	1	3	5	7	▦	▦	▦	▦

24.

r	0	1	2	3	4	6	10	20
s	0	1	4	9	16	▦	▦	▦

25. a. La tabla siguiente muestra la relación entre el número de cubos y el número de cuadrados en la torre. Usa la información del Problema 4.1 para completar la segunda fila de la tabla.

Relación de cubos a cuadrados en una torre

Número de cubos en la torre	1	2	3	4	5	6	10
Número de cuadrados en la torre	▦	▦	▦	18	▦	▦	▦

b. ¿Qué ecuación muestra cómo hallar el número total de cuadrados c dado el número de cubos k?

26. Determina si los pares de expresiones siguientes son equivalentes. Explica cómo lo sabes.

   a. $4n + 12$ y $4(n + 3)$

   b. $m + m + 3m$ y $3m + 2$

   c. $p + p$ y $p + 7$

   d. $5r + 5 - (r - 1)$ y $4r + 4$

   e. $3(2t + 2)$ y $(t + 1)6$

En los Ejercicios 27 a 30, usa lo que sabes acerca de las expresiones equivalentes para escribir una expresión equivalente a la que se da.

27. $5n$

28. $2n + 2$

29. $4n - 4$

30. $3n + 2n + n$

Los diagramas de los Ejercicios 31 a 34 muestran rectángulos divididos en rectángulos más pequeños. Usa la propiedad distributiva para escribir dos expresiones equivalentes para el área de cada rectángulo grande.

31.
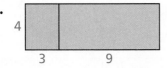

32.
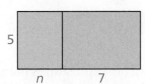

33.
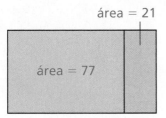

34.
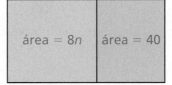

En los Ejercicios 35 a 38, dibuja una figura que coincida con cada descripción. Luego, usa la propiedad distributiva para escribir cada área como un producto y una suma.

35. Un rectángulo de 4 por $(7 + 5)$

36. Un rectángulo de n por $(3 + 12)$

37. Un rectángulo de 3 por $(2 + 4 + 2)$

38. Un rectángulo de n por $(n + 5)$

39. Usa la propiedad distributiva para escribir dos expresiones equivalentes para el área de cada una de las figuras siguientes.

a.

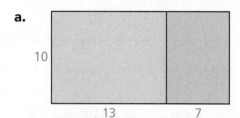

b.

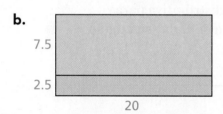

c. Compara las expresiones para las dos figuras.

En los Ejercicios 40 a 47, escribe $<$, $>$ ó $=$ para que cada enunciado sea verdadero.

40. 2.4 ■ 2.8

41. $\frac{5}{3}$ ■ 1.666 . . .

42. 1.43 ■ 1.296

43. $\frac{9}{2}$ ■ 4.500

44. 5.62 ■ 5.602

45. 0.32 ■ 0.032

46. $3\frac{1}{4}$ ■ $3\frac{1}{8}$

47. $\frac{343}{7}$ ■ $\frac{343}{5}$

En los Ejercicios 48 a 51, identifica los coeficientes. Luego, determina cuántos términos hay en cada expresión.

48. $4n + 5n + 3$

49. $6n + 4 + n + n$

50. $2n + 3 + 2n + 3$

51. $5(n + 3)$

52. La mayoría de los estados agregan un impuesto sobre la venta al costo de los artículos no comestibles. Sea p el precio de un artículo, i el impuesto sobre la venta y c el costo total.

   a. ¿Qué ecuación relaciona c, p e i?

   En los incisos (b) a (d), supón que un estado tiene un impuesto sobre la venta de 8%.

   b. ¿Qué ecuación relaciona i y p?

   c. ¿Qué ecuación relaciona c y p?

   d. Usa la propiedad distributiva para escribir una ecuación que relacione c y p en una forma equivalente más simple.

En los Ejercicios 53 a 56, resuelve las ecuaciones dadas. Comprueba tus respuestas. Explica cómo hallar cada solución con una o dos operaciones aritméticas.

53. $x + 13.5 = 19$

54. $23 = x - 7$

55. $45x = 405$

56. $8x - 11 = 37$

57. Cada una de las ecuaciones siguientes es miembro de una familia de operaciones. Escribe otros miembros de su familia de operaciones.

    a. $8 + 7 = 15$

    b. $7 \times 3 = 21$

    c. $23 - 11 = 12$

    d. $12 \div 4 = 3$

58. Muestra cómo usar familias de operaciones para resolver estas ecuaciones.

    a. $x + 7 = 15$

    b. $7y = 21$

    c. $w - 11 = 12$

    d. $n \div 4 = 3.$

59. Se te da la ecuación $y = 24 + 3x$.

    a. Crea un problema que se pueda representar mediante la ecuación.

    b. ¿Cuál de los puntos $(60, 12)$ y $(17, 75)$ está en la gráfica de la ecuación?

    c. Usa el punto que está sobre la gráfica para inventar una pregunta que se pueda responder con el punto.

60. Se te da la ecuación $y = 120 + 4.5x$.

    a. Crea un problema que se pueda representar mediante la ecuación.

    b. ¿Cuál de los puntos $(15, 180)$ y $(8, 156)$ está en la gráfica de la ecuación?

    c. Usa el punto que está sobre la gráfica para escribir una desigualdad que se pueda responder con el punto.

En los Ejercicios 61 a 64, resuelve cada una de las desigualdades dadas para x. Dibuja una recta numérica de cada solución.

61. $x + 13.5 < 19$

62. $23 > x - 7$

63. $45x < 405$

64. $8x > 48$

Ampliaciones

65. En la planeación de un baile, al consejo estudiantil se le ocurrieron estas cifras de ingresos y costos.

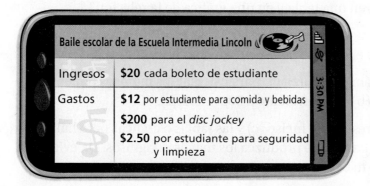

Baile escolar de la Escuela Intermedia Lincoln

Ingresos	$20 cada boleto de estudiante
Gastos	$12 por estudiante para comida y bebidas
	$200 para el *disc jockey*
	$2.50 por estudiante para seguridad y limpieza

a. Escribe una ecuación que relacione los ingresos *I* con el número de boletos vendidos para el baile *n*.

b. Escribe una ecuación que relacione el costo de la comida y las bebidas *C* con el número de boletos vendidos *n*.

c. Escribe una ecuación que relacione los honorarios del *disc jockey* *D* con el número de boletos vendidos *n*.

d. Escribe una ecuación que relacione el costo de la seguridad y la limpieza *S* con el número de boletos vendidos *n*.

e. Jamal y Sophie hicieron dos expresiones de la relación entre las ganancias *G* y el número de boletos vendidos *n*.

Regla de Jamal: $G = 20n - (12n + 200 + 2.5n)$

Regla de Sophie: $G = 20n - 12n - 200 - 2.50n$

¿Son estas ecuaciones modelos correctos de la relación entre las ganancias y el número de clientes? ¿Cómo lo sabes?

f. ¿Qué expresión simple se puede usar para calcular las ganancias para cualquier número de boletos vendidos? Explica cómo sabes que tu respuesta es correcta.

66. Mientras planean su paseo, los socios de Paseos Ciclistas Océano hicieron una ecuación que relaciona el número n de ciclistas con el precio p del paseo. La ecuación es $n = 50 - 0.10p$.

a. ¿Cómo cambia el número de ciclistas a medida que se incrementa el precio por cada uno de ellos? ¿Cómo se muestra ese patrón en una tabla y en una gráfica de la relación?

b. Explica cómo se puede expresar la relación entre los ingresos por el paseo I y el precio del paseo p con la ecuación $I = (50 - 0.10p)p$.

c. Muestra cómo la expresión para calcular los ingresos por el paseo del inciso (b) es equivalente a $50p - 0.10p^2$.

d. Usa la expresión del inciso (c) y las tablas o gráficas para hallar el precio del paseo que produzca los mayores ingresos. Da evidencia que apoye tu conclusión.

67. Para hacer publicidad a Paseos Ciclistas Océano, los socios organizan una carrera ciclista de 30 millas.

• A los ciclistas menores de 14 años les dieron una ventaja de media hora.

• Los ciclistas jóvenes punteros avanzaron a una velocidad estable de 12 millas por hora durante la primera media hora. Luego, avanzaron a 10 millas por hora durante el resto de la carrera.

• Cuando los ciclistas mayores arrancaron, los ciclistas mayores punteros avanzaron a una velocidad estable de 15 millas por hora.

a. Escribe una ecuación que dé la distancia d recorrida por los ciclistas menores de 14 años punteros en t horas.

b. Escribe una ecuación que dé la distancia d recorrida por los ciclistas punteros mayores en t horas después del arranque de los ciclistas menores de 14 años.

c. Usa las ecuaciones de los incisos (a) y (b) para hacer una tabla y una gráfica que comparen el progreso de los dos grupos de ciclistas.

d. Escribe una ecuación para el momento en que los ciclistas mayores punteros alcancen a los ciclistas menores de 14 años punteros. Luego, resuélvela.

e. ¿Alcanzarán los punteros mayores a los punteros jóvenes antes de terminar la carrera de 30 millas? Explica cómo se muestra tu respuesta en la tabla y en la gráfica.

68. Los gerentes del Parque de diversiones Mundo Salvaje tuvieron una idea para cambiar la tarjeta de bono ofrecida a los clientes del parque. En lugar de darles 100 puntos de bono y cobrar 6 puntos por juego mecánico, les darían 150 puntos de bono y cobrarían 12 puntos por juego mecánico. Ellos pensaron que ofrecer una tarjeta de bono con 150 puntos de bono parecería un mejor trato.

a. ¿Qué plan ofrece realmente más juegos mecánicos?

b. Escribe y resuelve una ecuación que halle el número de juegos por el que ambas tarjetas quedarían con el mismo número de puntos.

c. ¿Para qué número de juegos los clientes con la tarjeta de 150 puntos tendrían un mayor número de puntos restantes?

69. Un director quiere enviar a sus mejores estudiantes de ciencias en una excursión al centro estatal de ciencias. El viaje cuesta $250 por el autobús y el conductor, más $17.50 por alimentos y admisión por cada estudiante.

a. ¿Cuál es el costo de enviar 30 estudiantes? ¿Y 60 estudiantes?

b. ¿Qué ecuación muestra cómo el costo total G depende del número de estudiantes e que irían al viaje?

c. Escribe y resuelve una desigualdad que responda a esta pregunta:

¿Cuántos estudiantes irían en el viaje si el presupuesto permitiera un costo máximo de $1,000?

Los Problemas de esta Investigación te pidieron desarrollar la comprensión y la destreza para escribir expresiones algebraicas equivalentes y resolver ecuaciones. Estas preguntas te ayudarán a resumir lo que has aprendido.

Piensa en tus respuestas a estas preguntas. Comenta tus ideas con otros estudiantes y con tu maestro. Luego, escribe un resumen en tu cuaderno.

1. **¿Qué** significa indicar que las dos expresiones son equivalentes? **¿Cómo** puedes probar la equivalencia de dos expresiones?

2. **¿Qué** significa resolver una ecuación? **¿Qué** estrategias están disponibles para resolver ecuaciones?

3. **¿Qué** significa resolver una desigualdad? **¿Cómo** lucirán las gráficas de tales soluciones para desigualdades de la forma $ax > b$ y $a + x < b$? (Supón que a y b son números positivos).

4. **Describe** cómo se usaron las expresiones, ecuaciones, desigualdades y representaciones en esta Unidad. **¿Cómo** se relacionan?

Estándares comunes de prácticas matemáticas

Al trabajar en los problemas de esta Investigación, usaste conocimientos previos para encontrarles sentido. También aplicaste prácticas matemáticas para resolverlos. Piensa en el trabajo que hiciste, las maneras en que pensaste acerca de los problemas y cómo usaste las prácticas matemáticas.

Elena describió sus reflexiones de la siguiente manera:

En nuestro equipo desarrollamos varias maneras de escribir el número de piezas necesarias para hacer las torres del Problema 4.1.

Sally observó que el primer marco necesita cuatro piezas. Cada marco después de ese solo necesita tres piezas más. Por tanto, Sally escribió la expresión $4 + 3(n - 1)$.

Mitch hizo una tabla para los primeros 10 marcos. Observó que un patrón relacionaba las dos variables en la tabla. El número de piezas es 3 veces el número del marco más 1. Por tanto, escribió $3n + 1$.

Pensamos que ambas expresiones son equivalentes porque el razonamiento detrás de ellas tiene sentido. También sustituimos los valores de n en cada expresión y obtuvimos el mismo resultado todas las veces.

··

Estándares estatales comunes para prácticas matemáticas (PM)

PM3 Construir argumentos viables y evaluar el razonamiento de otros.

- ¿Qué otras prácticas matemáticas puedes identificar en el razonamiento de Elena?

- Describe una práctica matemática que tus compañeros de clase y tú usaron para resolver un problema diferente de esta Investigación.

En esta Unidad, estudiaste algunas ideas básicas de álgebra. Aprendiste varias maneras de usar esas ideas para resolver problemas acerca de variables y los patrones que las relacionan. En particular, aprendiste a:

- Reconocer situaciones en las que los cambios en las variables están relacionados con patrones.

- Describir patrones de cambio que se muestran en tablas y gráficas de datos.

- Construir tablas y gráficas para representar relaciones entre variables.

- Usar símbolos algebraicos para escribir ecuaciones que relacionen variables.

- Usar tablas, gráficas y ecuaciones para resolver problemas.

Comprueba tu comprensión y destreza

En los siguientes ejercicios, comprobarás tu comprensión de ideas algebraicas y tu destreza para usar técnicas algebraicas. Considerarás cómo se emplea el álgebra en el envío de paquetes.

1. Una compañía de envío de paquetes ofrece la entrega en dos días de cualquier paquete que pese hasta 2 libras por $5 más $0.01 por milla.

   a. Copia y completa la tabla.

   Costos de envío con entrega en dos días

Distancia (mi)	100	200	300	400	500	1,000	1,500	2,000
Costo de envío	▪	▪	▪	▪	▪	▪	▪	▪

   b. Describe el patrón en el que el costo de envío se incrementa a medida que aumenta la distancia del mismo.

   c. Haz una gráfica que muestre los cargos por distancias de 0 a 2,000 millas. Usa rótulos y escalas adecuadas en los ejes.

   d. Escribe una ecuación que relacione la distancia d en millas y el costo de envío c en dólares.

   e. Usa una calculadora gráfica y la ecuación del inciso (d) para comprobar la gráfica que hiciste en el inciso (c).

   f. Usa la tabla, gráfica o ecuación para hallar el costo de enviar 450 millas un paquete de 1 libra.

   g. Usa la tabla, gráfica o ecuación para calcular qué tan lejos puedes enviar un paquete de 2 libras por $35.

   h. Escribe una desigualdad que describa el número de millas que puedes enviar un paquete por menos de $15. Muestra la solución en una recta numérica.

Revisa tu trabajo anterior y responde a las preguntas siguientes.

2. ¿Cuáles son las variables independiente y dependiente? ¿Cómo lo sabes?

3. ¿Cómo desarrollaste la ecuación que relaciona distancia y costo?

4. ¿Cómo escogiste las escalas para los ejes de la gráfica de la ecuación de costo?

5. ¿Cómo pueden expresarse las relaciones de los incisos (f) y (g) como ecuaciones que relacionan las variables d y c?

6. ¿Cómo pueden resolverse las ecuaciones del Ejercicio 5 usando la tabla o la gráfica? ¿Y usando sólo razonamiento con las formas simbólicas?

C

cambiar Variar, volverse diferente. Por ejemplo, las temperaturas suben y bajan, los precios aumentan y se reducen, y así sucesivamente. En Matemáticas, las cantidades que cambian se llaman *variables*.

change To become different. For example, temperatures rise and fall, prices increase and decrease, and so on. In mathematics, quantities that change are called *variables*.

coeficiente El factor numérico en cualquier término de una expresión.

coefficient The numerical factor in any term of an expression.

comparar Vocabulario académico
Decir o mostrar en qué se parecen y en qué se diferencian dos cosas.

compare Academic Vocabulary
To tell or show how two things are alike and different.

términos relacionados *analizar, relacionar*

related terms *analyze, relate*

ejemplo Dos compañías de canotaje ofrecen excursiones. La Rocky River Company cobra $150 por grupo. La Bailey's Rafting cobra $37.50 por persona. Compara las dos ofertas y explica en qué situaciones una oferta es mejor que la otra.

sample Two river rafting companies offer tours. The Rocky River Company charges $150 per group. Bailey's Rafting charges $37.50 per person. Compare these offers, and explain for which situations each offer is a better deal.

Cada opción costaría lo mismo por 4 personas, ya que 4 x $37.50 = $150. Si el grupo tuviera menos de 4 personas, Bailey's es la mejor opción. Si tuviera más de 4 personas, Rocky River sería la mejor opción.

También puedo usar una tabla para hallar la solución.

Personas	1	2	3	4	5
Rocky River	$150	$150	$150	$150	$150
Bailey's	$37.50	$75	$112.50	$150	$187.50

El *costo* es el mismo por 4 personas.

Each choice would cost the same for 4 people since 4 x $37.50 = $150. If a group has fewer than 4 people, Bailey's is the better deal. If there are more than 4 people, Rocky River is the better deal.

I can also use a table to find a solution.

People	1	2	3	4	5
Rocky River	$150	$150	$150	$150	$150
Bailey's	$37.50	$75	$112.50	$150	$187.50

The cost is the same for 4 people.

E

ecuación Una regla que contiene variables que representa una relación matemática. Un ejemplo de ello es la fórmula para hallar el área de un círculo, $A = \pi r^2$.

equation A rule containing variables that represents a mathematical relationship. An example is the formula for finding the area of a circle, $A = \pi r^2$.

eje de las x La recta numérica horizontal en una gráfica de coordenadas.

x-axis The number line that is horizontal on a coordinate grid.

eje de las y La recta numérica vertical en una gráfica de coordenadas.

y-axis The number line that is vertical on a coordinate grid.

escala Un esquema de rotulación que se usa en cada uno de los ejes de una gráfica de coordenadas.

scale A labeling scheme used on each of the axes on a coordinate grid.

esperar Vocabulario académico
Usar datos teóricos o experimentales para anticipar un resultado determinado.

expect Academic Vocabulary
To use theoretical or experimental data to anticipate a certain outcome.

términos relacionados *anticipar, predecir*

related terms *anticipate, predict*

ejemplo Cynthia contó sus abdominales. Según sus datos, ¿cuántos abdominales esperas que haga en 40 segundos? ¿Esperas que este patrón continúe indefinidamente?

sample Cynthia counted her sit-ups. Based on her data, how many sit-ups would you expect her to do in 40 seconds? Would you expect this pattern to continue indefinitely?

Segundos	10	20	30
N° de abdominales	6	12	18

Seconds	10	20	30
Number of Sit Ups	6	12	18

Los abdominales que hace Cynthia aumentaron en 6 cada 10 segundos. Ya que 40 segundos son 10 segundos más que 30, espero que ella haga 18 + 6 = 24 abdominales.
También puedo hacer una gráfica para representar estos datos.

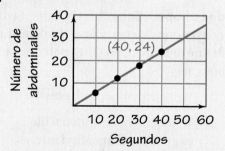

La gráfica muestra 24 abdominales en 40 segundos. No espero que este patrón continúe porque Cynthia se cansará y probablemente hará menos abdominales.

Cynthia's sit-ups increased by 6 every 10 seconds. Since 40 seconds is 10 more seconds than 30, I expect her to do 18 + 6 = 24 sit-ups.
I can also make a graph to represent this.

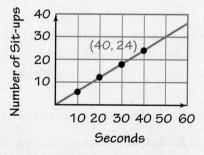

The graph shows 24 sit-ups at 40 seconds. I would not expect this pattern to continue because Cynthia will get tired and probably do fewer sit-ups.

expresión Una frase matemática que contiene números, variables y símbolos de operaciones.

expression A mathematical phrase containing numbers, variables, and operation symbols.

expresiones equivalentes Expresiones que representan la misma cantidad cuando el mismo número se sustituye por la variable en cada expresión.

equivalent expressions Expressions that represent the same quantity when the same number is substituted for the variable in each expression.

G

ganancias La cantidad por la cual los ingresos son mayores que los gastos.

profit The amount by which income is greater than expenses.

gráfica de coordenadas Una representación gráfica de pares de valores numéricos relacionados que muestra la relación que existe entre dos variables. Dicha representación relaciona la variable independiente (que se muestra en el eje de las x) y la variable dependiente (que se muestra en el eje de las y).

coordinate graph A graphical representation of pairs of related numerical values that shows the relationship between two variables. It relates the independent variable (shown on the x-axis) and the dependent variable (shown on the y-axis).

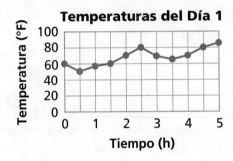

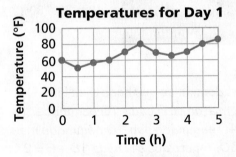

I

ingresos La cantidad de dinero que se gana.

income The amount of money taken in.

O

orden de las operaciones Un conjunto de acuerdos o convenciones para realizar cálculos con más de una operación, paréntesis o exponentes.

1. Trabajar dentro de **paréntesis**.

2. Escribir números escritos con **exponentes** en forma estándar.

3. Hacer todas las **multiplicaciones y divisiones** en orden de izquierda a derecha.

4. Hacer todas las **sumas y restas** en orden de izquierda a derecha.

order of operations A set of agreements or conventions for carrying out calculations with one or more operations, parentheses, or exponents.

1. Work within **parentheses**.

2. Write numbers written with **exponents** in standard form.

3. Do all **multiplication and division** in order from left to right.

4. Do all **addition and subtraction** in order from left to right.

par de coordenadas Un par ordenado de números que se usa para localizar un punto en una gráfica de coordenadas. El primer número del par de coordenadas es el valor de la coordenada *x* y el segundo número es el valor de la coordenada *y*. Un par de coordenadas de la gráfica que se muestra es (0, 60).

coordinate pair An ordered pair of numbers used to locate a point on a coordinate grid. The first number in a coordinate pair is the value for the *x*-coordinate, and the second number is the value for the *y*-coordinate. A coordinate pair for the graph shown is (0, 60).

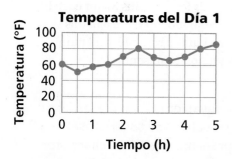

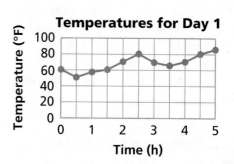

patrón Un cambio que ocurre de manera predecible. Por ejemplo, los cuadrados del tablero de damas forman un patrón en el que los colores de los cuadrados se alternan entre el rojo y el negro. La secuencia de cuadrados de números: 1, 4, 9, 16, . . . forma un patrón en el que los números aumentan según la cifra del siguiente número impar. Es decir, 4 es 3 más que 1, 9 es 5 más que 4, 16 es 7 más que 9, y así sucesivamente.

pattern A change that occurs in a predictable way. For example, the squares on a checkerboard form a pattern in which the colors of the squares alternate between red and black. The sequence of square numbers: 1, 4, 9, 16, . . . forms a pattern in which the numbers increase by the next odd number. That is, 4 is 3 more than 1, 9 is 5 more than 4, 16 is 7 more than 9, and so on.

regla Un resumen de una relación predecible que indica cómo hallar el valor de una variable. Una regla se puede dar en palabras o como una ecuación. Por ejemplo, la siguiente regla relaciona tiempo, velocidad y distancia: la distancia es igual al producto de la velocidad y el tiempo, o sea $d = rt$.

rule A summary of a predictable relationship that tells how to find the value of a variable. A rule may be given in words or as an equation. For example, this rule relates time, rate, and distance: distance is equal to rate times time, or $d = rt$.

relación Una asociación entre dos o más variables. Si una de las variables cambia, la otra variable también puede cambiar y dicho cambio puede ser predecible.

relationship An association between two or more variables. If one of the variables changes, the other variable may also change, and the change may be predictable.

Glosario español/inglés

representar Vocabulario académico
Significar o tomar el lugar de algo más. Los símbolos, las ecuaciones, las gráficas y las tablas a menudo se usan para representar situaciones particulares.

términos relacionados *simbolizar, significar*

ejemplo El centro de esquí Snowy Heights alquila tablas de *snowboard* por $12 más $3 por hora. Escribe una ecuación que represente esta situación. Explica lo que representan las variables y los números de tu ecuación.

> Mi ecuación es $c = 12 + 3h$. La c representa el costo total. El 12 representa el cobro inicial por alquilar una tabla de *snowboard*. La h representa el número de horas de alquiler y el 3 representa el costo por hora.

represent Academic Vocabulary
To stand for or take the place of something else. Symbols, equations, charts, and tables are often used to represent particular situations.

related terms *symbolize, stand for*

sample The Snowy Heights resort rents snowboards for $12 plus $3 for each hour. Write an equation to represent this situation. Explain what the variables and numbers in your equation represent.

> My equation is $c = 12 + 3h$. The c represents the total cost. The 12 represents the initial charge for renting the snowboard. The h represents the number of hours rented, and the 3 represents the hourly charge.

resolver una ecuación Hallar el valor o valores de las variables que hacen que una ecuación sea verdadera.

solving an equation Finding the value or values of the variables that make an equation true.

S **solución de una ecuación** El valor o valores de las variables que hacen que una ecuación sea verdadera.

solution of an equation The value or values of the variables that make an equation true.

suponer y comprobar Un método para resolver una ecuación que comienza con una suposición. La primera suposición se comprueba contra la ecuación y se corrige hasta que se llega a una solución exacta.

guess and check A method of solving an equation that begins with a guess. The first guess is checked against the equation and corrected until an exact solution is reached.

T **tabla** Una lista de valores para dos o más variables que muestra la relación que existe entre ellas. Frecuentemente, las tablas representan datos provenientes de observaciones, experimentos o de una serie de operaciones aritméticas. Una tabla puede mostrar un patrón de cambio entre dos variables que se puede usar para predecir valores que no están en la tabla.

table A list of values for two or more variables that shows the relationship between them. Tables often represent data made from observations, from experiments, or from a series of arithmetic operations. A table may show a pattern of change between two variables that can be used to predict values not in the table.

tasa de cambio La cantidad de cambio en la variable dependiente producida por un cambio dado en la variable independiente.

rate of change The amount of change in the dependent variable produced by a given change in the independent variable.

término Un número, una variable o el producto de un número y una variable.

term A number, a variable, or the product of a number and a variable.

variable Una cantidad que puede cambiar. Suelen usarse letras como símbolos para representar las variables en las reglas o ecuaciones que describen patrones.

variable A quantity that can change. Letters are often used as symbols to represent variables in rules or equations that describe patterns.

variable dependiente Una de las dos variables de una relación. Su valor depende o está determinado por el valor de la otra variable llamada *variable independiente*. Por ejemplo, el costo de una mezcla de nueces y frutas secas (variable dependiente) depende de la cantidad de mezcla que compras (variable independiente).

dependent variable One of the two variables in a relationship. Its value depends upon or is determined by the other variable, called the *independent variable*. For example, the cost of trail mix (dependent variable) depends on how much you buy (independent variable).

variable independiente Una de las dos variables relacionadas. Su valor determina el de la otra variable, llamada *variable dependiente*. Por ejemplo, si organizas un recorrido en bicicleta, el número de personas inscritas (variable independiente) determina el costo del alquiler de las bicicletas (variable dependiente).

independent variable One of the two variables in a relationship. Its value determines the value of the other variable, called the *dependent variable*. If you organize a bike tour, for example, the number of people who register to go (independent variable) determines the cost for renting bikes (dependent variable).

velocidad media El número de millas por hora promediadas durante un recorrido completo. Por ejemplo, si recorres 140 millas en 2 horas, entonces la velocidad media es 70 millas por hora.

average speed The number of miles per hour averaged over an entire trip. For instance, if you travel 140 miles in 2 hours, then the average speed is 70 miles per hour.

Índice

Índice

Agradecimientos

Texto

050 Tiger Missing Link Foundation

"Typical Weights for Tiger Cubs" from TIGERLINK.ORG. Used by permission.

Fotografías

Photo locators denoted as follows: Top (T), Center (C), Bottom (B), Left (L), Right (R), Background (Bkgd)

002 David Maenza/Superstock; **003** Andre Jenny/Alamy; **014** Scott Neville/ AP Images; **017** (TL) Michele & Tom Grimm/Alamy, (TR) InterFoto/Travel/ Alamy; **019** SuperStock/Glow Images; **025** (BL, BR) GIPhotoStock/Science Source; **033** (BL) David Maenza/Superstock, (CR) Dallas and John Heaton/Free Agents Limited/Corbis; **048** Tony Donaldson/Icon SMI Tony Donaldson/Icon SMI Icon Sports Photos/Newscom; **090** Shirley Kilpatrick/Alamy.